Souveraineté sans puissance ?

Les illusions économiques de l'Alliance des États du Sahel après la rupture avec la CEDEAO

Collection « L'esprit économique »

fondée par Sophie Boutillier et Dimitri Uzunidis en 1996
dirigée par Sophie Boutillier, Blandine Laperche, Dimitri Uzunidis

Si l'apparence des choses se confondait avec leur réalité, toute réflexion, toute Science, toute recherche serait superflue. La collection « L'esprit économique » soulève le débat, textes et images à l'appui, sur la face cachée économique des faits sociaux : rapports de pouvoir, de production et d'échange, innovations organisationnelles, technologiques et financières, espaces globaux et microéconomiques de valorisation et de profit, pensées critiques et novatrices sur le monde en mouvement...
Ces ouvrages s'adressent aux étudiants, aux enseignants, aux chercheurs en sciences économiques, politiques, sociales, juridiques et de gestion, ainsi qu'aux experts d'entreprise et d'administration des institutions.

La collection est divisée en six séries :

Dans la série *Economie et Innovation* sont publiés des ouvrages d'économie industrielle, financière et du travail et de sociologie économique qui mettent l'accent sur les transformations économiques et sociales suite à l'introduction de nouvelles techniques et méthodes de production. L'innovation se confond avec la nouveauté marchande et touche le cœur même des rapports sociaux et de leurs représentations institutionnelles.

La série *Economie formelle* a pour objectif de promouvoir l'analyse des faits économiques contemporains en s'appuyant sur les approches critiques de l'économie telle qu'elle est enseignée et normalisée mondialement. Elle comprend des livres qui s'interrogent sur les choix des acteurs économiques dans une perspective macroéconomique, historique et prospective.

Dans la série *Le Monde en Question* sont publiés des ouvrages d'économie politique traitant des problèmes internationaux. Les économies nationales, le développement, les espaces élargis, ainsi que l'étude des ressorts fondamentaux de l'économie mondiale sont les sujets de prédilection dans le choix des publications.

La série *Krisis* a été créée pour faciliter la lecture historique des problèmes économiques et sociaux d'aujourd'hui liés aux métamorphoses de l'organisation industrielle et du travail. Elle comprend la réédition d'ouvrages anciens, de compilations de textes autour des mêmes questions et des ouvrages d'histoire de la pensée et des faits économiques.

La série *Clichés* a été créée pour fixer les impressions du monde économique. Les ouvrages contiennent photos et texte pour faire ressortir les caractéristiques d'une situation donnée. Le premier thème directeur est : mémoire et actualité du travail et de l'industrie ; le second : histoire et impacts économiques et sociaux des innovations.

La série *Cours Principaux* comprend des ouvrages simples, fondamentaux et/ou spécialisés qui s'adressent aux étudiants en licence et en master en économie, sociologie, droit, et gestion. Son principe de base est l'application du vieil adage chinois : « le plus long voyage commence par le premier pas ».

Étienne Fakaba Sissoko

Souveraineté sans puissance ?

Les illusions économiques de l'Alliance des États du Sahel après la rupture avec la CEDEAO

L'Harmattan

5-7, rue de l'École-Polytechnique, 75005 Paris

http://www.editions-harmattan.fr

ISBN : 978-2-336-58892-6
EAN : 9782336588926

« La souveraineté n’est ni un cri, ni un drapeau : c’est une méthode, une structure, une discipline. »
— ***Étienne Fakaba Sissoko***

Sommaire

Résumé

Cet ouvrage propose une analyse rigoureuse du projet d'autonomie économique initié par l'Alliance des États du Sahel (AES) à la suite de son retrait de la CEDEAO. Fondé sur une approche empirique et comparative, il examine les impacts de cette rupture sur la gouvernance budgétaire, l'intégration commerciale et la souveraineté monétaire. L'étude met en évidence l'absence de capacités institutionnelles, la militarisation croissante de la dépense publique, et les impasses techniques d'un projet monétaire improvisé. Tout en déconstruisant les illusions politiques portées par le discours souverainiste, l'ouvrage formule des alternatives réalistes : transition monétaire hybride, refondation institutionnelle minimale, coopération fonctionnelle avec certains partenaires régionaux. Trois scénarios prospectifs à horizon 2035 permettent d'anticiper les risques de fragmentation, les conditions d'une stabilisation graduelle ou d'un retour contraint aux structures rejetées. Le diagnostic est clair : sans institutions crédibles, l'autonomie proclamée est une illusion dangereuse.

Codes JEL : F15 ; E62 ; H11 ; O55 ; H77 ; F33

Mots-clés : AES ; souveraineté économique ; franc CFA ; intégration régionale ; gouvernance budgétaire ; désintégration

Préface

L'Alliance des États du Sahel (AES) s'est imposée dans le paysage régional comme un projet de rupture. Rupture avec la CEDEAO, rupture avec le franc CFA, rupture avec un certain ordre international perçu comme inégal. À ces ruptures, les régimes en place ont opposé un mot : *souveraineté.*

Mais que vaut une souveraineté proclamée si elle ne s'accompagne d'institutions solides, de leviers économiques concrets, et d'un ancrage régional maîtrisé ?

C'est cette question que ce livre pose — frontalement.

Ce travail ne conteste pas l'aspiration à l'autonomie. Il conteste sa mise en œuvre précipitée, son déficit de stratégie, son aveuglement institutionnel.

Il ne fustige pas l'ambition. Il démonte les illusions.

Il est né de l'urgence d'un double constat : la transition AES n'est ni soutenable, ni viable en l'état. Et le débat public est verrouillé par la propagande, la peur ou la fuite en avant.
Il fallait donc produire une lecture sans filtre, fondée sur les faits, les chiffres, les structures. Une lecture qui ne cherche ni à rassurer, ni à plaire, mais à avertir — lucidement.

Cette préface n'est pas un prétexte. Elle est un avertissement.

Si l'AES veut survivre à sa propre rhétorique, elle doit changer de cap.

Bâtir, planifier, gouverner. Ou s'effondrer.

Note de l'auteur

Ce livre a été écrit à contre-courant, dans un contexte où l'examen critique de l'action publique est perçu comme une menace, et non comme une exigence démocratique.

Il ne prétend ni à la neutralité académique pure, ni à la distance froide du technicien.

Il est né d'un engagement : celui de penser politiquement l'économie et d'évaluer rationnellement les décisions politiques.

Mais il est aussi né d'un désaccord fondamental avec la dérive actuelle des régimes de transition au Sahel — leur rapport au pouvoir, à la vérité, et à l'institution.

Ce travail repose sur des années d'observation, de recherche appliquée, de dialogue avec des acteurs du terrain, des fonctionnaires, des partenaires techniques, des citoyens ordinaires. Il mobilise les outils de l'analyse économique, institutionnelle, budgétaire, mais aussi ceux du discernement politique et de la mémoire historique.

Ce livre ne cherche pas à condamner : il cherche à mettre en garde, structurer le débat, et ouvrir des issues possibles. Il ne plaide ni pour un retour passif à l'ordre ancien, ni pour une fuite en avant. Il plaide pour une souveraineté gouvernée, crédible, vérifiable — ou rien.

Écrire ce livre n'a pas été sans risque. Mais le silence aurait été pire.

Liste des sigles et abréviations

AEC : Afrique de l'Est et Centrale

AES : Alliance des États du Sahel (Mali, Burkina Faso, Niger)

AIEA : Agence internationale de l'énergie atomique

APD : Aide publique au développement

BAD : Banque africaine de développement

BCEAO : Banque centrale des États de l'Afrique de l'Ouest

BIDC : Banque d'investissement et de développement de la CEDEAO

BRVM : Bourse régionale des valeurs mobilières (UEMOA)

CEDEAO : Communauté économique des États de l'Afrique de l'Ouest

CEEAC : Communauté économique des États de l'Afrique centrale

CEMAC :Communauté économique et monétaire de l'Afrique centrale

CFA : Communauté financière africaine (zone monétaire UEMOA)

CICB : Centre international de conférences de Bamako

CILS : Comité inter-États de lutte contre la séchcrcssc au Sahel

CNDD : Conseil national pour la démocratie et le développement (Guinée)

CNP : Comité national de pilotage

CSO : Organisation de la société civile (*Civil Society Organization*)

DTI : Détérioration des termes de l'échange

FAO : Organisation des Nations Unies pour l'alimentation et l'agriculture

FMI : Fonds monétaire international

IDE : Investissements directs étrangers
ISS : Institute for Security Studies (Afrique du Sud)
JEL : *Journal of Economic Literature* (codes de classement thématique)
KFW : Kreditanstalt für Wiederaufbau (Banque de développement allemande)
OCDE : Organisation de coopération et de développement économiques
ODD : Objectifs de développement durable
OMC : Organisation mondiale du commerce
PMA : Pays les moins avancés
RFI : Radio France Internationale
SDN : Système de distribution numérique
SIPRI : Stockholm International Peace Research Institute
TIC : Technologies de l'information et de la communication
UEMOA : Union économique et monétaire ouest-africaine
UE : Union européenne
ZLECAf : Zone de libre-échange continentale africaine

Introduction générale

Le retrait simultané du Mali, du Burkina Faso et du Niger de la Communauté économique des États de l'Afrique de l'Ouest (CEDEAO), officiellement acté le 28 janvier 2025, a constitué un tournant historique dans l'histoire contemporaine des intégrations régionales africaines. En proclamant la création de l'Alliance des États du Sahel (AES), ces trois pays enclavés, dirigés par des régimes militaires, ont rompu avec près d'un demi-siècle de coopération régionale institutionnalisée, au nom d'un projet d'« autonomie stratégique » — monétaire, commerciale et sécuritaire (Kohnert, 2024 ; Grütjen, 2024).

Ce retrait, présenté comme un acte de souveraineté, soulève cependant une question majeure : la rupture avec les dispositifs d'intégration existants peut-elle, dans le contexte sahélien actuel, conduire à une véritable autonomie économique ?

À bien des égards, la tentative de construction d'un modèle économique alternatif à l'UEMOA et à la CEDEAO apparaît comme un pari à haut risque. La rhétorique souverainiste des autorités sahéliennes masque mal les fragilités structurelles persistantes : faible diversification des économies, dépendance logistique vis-à-vis des ports côtiers, instabilité politique chronique, gouvernance monétaire déléguée, vulnérabilité aux chocs exogènes (BAD, 2023 ; Sissoko et al., 2024). De plus, contrairement aux précédents historiques de désintégration régionale (Brexit, URSS, COMESA), l'AES ne repose ni sur des institutions consolidées ni sur un socle économique autonome. Elle apparaît davantage comme une réaction politique à des sanctions qu'un projet économique planifié.

Ce contexte soulève une série d'interrogations centrales, que ce travail entend explorer.

L'AES est-elle en mesure de bâtir une autonomie économique viable ? Quelles sont les conditions nécessaires à l'émergence d'un tel modèle ? Peut-elle compenser les effets de sa rupture avec les dispositifs de solidarité, de régulation et d'accès aux marchés propres à la CEDEAO ?

Cette étude poursuit trois objectifs scientifiques :

1. Évaluer la faisabilité concrète du projet d'autonomisation économique porté par l'AES.

2. Analyser les contradictions entre souveraineté affichée et dépendances structurelles, notamment monétaires, commerciales et institutionnelles.

3. Identifier les leviers et les scénarios qui permettraient une transition réaliste vers un cadre économique viable et intégré.

Trois hypothèses structurent l'analyse :

- **H1** : La sortie de la CEDEAO fragilise plus qu'elle ne renforce la souveraineté économique des États de l'AES, en raison de la perte d'accès aux mécanismes d'intégration et de solidarité régionale.

- **H2** : La création d'une monnaie propre n'est envisageable qu'à la condition d'une gouvernance monétaire rigoureuse, d'un cadre institutionnel crédible et de réserves de change suffisantes.

- **H3** : Les alternatives commerciales et diplomatiques actuellement envisagées (BRICS, corridors algériens ou mauritaniens) ne suffisent pas, en l'état, à compenser les effets du désengagement régional.

L'analyse s'appuie sur un cadre théorique multidimensionnel :

- La théorie des zones monétaires optimales (Mundell,

1961), remise en question dans le contexte sahélien caractérisé par l'hétérogénéité économique et l'absence de mécanismes de transferts.

- La théorie de l'interdépendance asymétrique (Keohane & Nye, 1977), utile pour penser les vulnérabilités structurelles dans les relations économiques régionales.

- Les approches institutionnalistes de l'intégration régionale (Mattli, 1999 ; Haas, 1970), qui éclairent les conditions d'émergence d'une gouvernance économique crédible.

- Une approche critique de l'économie politique de la monnaie (Sylla, 2022), qui interroge la faisabilité d'une souveraineté monétaire sans puissance institutionnelle et sans base productive endogène.

La recherche adopte une approche mixte (Creswell & Plano Clark, 2011), combinant :

- Une analyse économétrique fondée sur des modèles vectoriels autorégressifs (VAR) et des estimateurs GMM, afin de mesurer l'impact du retrait de la CEDEAO sur la croissance, les flux commerciaux et les investissements directs étrangers.

- Une modélisation prospective de scénarios monétaires (ancrage CFA, monnaie propre, devise tierce) et commerciaux (corridors algériens, BRICS).

- Une analyse qualitative par entretiens semi-directifs avec des experts régionaux, responsables d'institutions financières et universitaires spécialisés en intégration économique.

L'étude s'organise en cinq parties logiques :

1. Dépendances historiques et dynamiques de rupture : analyse critique de l'évolution économique des trois pays membres et des justifications du retrait.

2. Modélisations et scénarios : simulations et comparaisons empiriques avec d'autres processus de désintégration régionale.

3. Contraintes systémiques : logistique, accès aux marchés, instabilité institutionnelle.

4. Monnaie, gouvernance et diversification : enjeux de souveraineté réelle.

5. Recommandations et perspectives : validation des hypothèses, scénarios alternatifs, recommandations opérationnelles.

L'Alliance des États du Sahel a voulu faire acte de rupture. Mais toute rupture n'est pas une libération, et toute souveraineté proclamée n'aboutit pas à une autonomie réelle. Ce travail, fondé sur une posture analytique rigoureuse, interroge les conditions d'un projet économique viable dans un espace sahélien contraint par ses dépendances passées et présentes. Loin de tout enthousiasme normatif, il vise à éclairer ce qui relève d'une stratégie possible, de ce qui s'apparente à une illusion politique durable.

PARTIE I

DÉPENDANCES HISTORIQUES ET CONSTRUCTION D'UN MYTHE D'AUTONOMIE

Chapitre 1

Héritages coloniaux, dépendances économiques et faux départs

1.1. Trajectoires coloniales et postcoloniales : une dépendance construite et prolongée

L'économie politique du Mali, du Burkina Faso et du Niger ne peut être comprise sans une lecture en profondeur de leur insertion coloniale dans l'espace ouest-africain. Intégrés à l'Afrique-Occidentale française (AOF), ces territoires ont été configurés comme des économies extraverties, centrées sur l'extraction et l'exportation de ressources primaires destinées à la métropole — or, coton, arachide, uranium — sans articulation industrielle locale ni intégration régionale interne (Suret-Canale, 1971 ; Amin, 1973). Ce modèle économique n'a pas seulement organisé la production, il a aussi structuré les flux logistiques, fiscaux et sociaux autour d'un centre extérieur, en ancrant une architecture de dépendance intégrée.

Les infrastructures coloniales (routes, rails, entrepôts, circuits administratifs) furent conçues non pour relier les économies sahéliennes entre elles, mais pour les drainer vers les ports atlantiques (Dakar, Abidjan), consolidant un enclavement logistique aujourd'hui encore largement inchangé (Kohnert, 2024).

Après les indépendances formelles, les trajectoires économiques ont divergé superficiellement, mais convergé dans leur incapacité à reconfigurer les logiques héritées :

- Le Mali, sous Modibo Keïta (1960–1968), initie un modèle socialiste d'industrialisation endogène, rapidement démantelé sous Moussa Traoré, puis soumis à l'ajustement structurel.

- Le Burkina Faso, sous Thomas Sankara (1983–1987), tente une rupture autarcique fondée sur l'agriculture et la production locale. L'expérience, inédite mais isolée, est brutalement interrompue avec son assassinat.
- Le Niger, plus technocratique, s'est maintenu dans une logique d'exploitation rentière (uranium) sans réelle tentative de diversification.

À chaque tentative d'émancipation économique a succédé une recentralisation externe via la dette, les conditionnalités ou la contrainte commerciale. La postcolonie a donc non seulement reproduit les mécanismes de la dépendance, mais les a internalisés, en l'absence de coalition de rupture durable.

■ **Encadré 1 – Ruptures inachevées : Sankara, Keïta, Kountché face au paradigme de dépendance**

Les figures de Thomas Sankara (Burkina Faso), Modibo Keïta (Mali) et Seyni Kountché (Niger) sont régulièrement invoquées comme symboles d'alternatives sahéliennes à la dépendance économique postcoloniale. Pourtant, leurs trajectoires révèlent moins des ruptures réelles que des tentatives inachevées, contraintes par des facteurs internes et externes.

- **Thomas Sankara** a mis en œuvre une politique de relocalisation productive (agriculture, textile, artisanat) et rejeté la dette comme outil néocolonial. Mais il n'a pas institutionnalisé un modèle industriel ni conçu une monnaie propre. Son expérience, interrompue brutalement, a été suivie d'un retour rapide aux schémas dépendants.
- **Modibo Keïta**, favorable à une économie planifiée et à la sortie du franc CFA dès 1962, a

souffert d'un isolement monétaire coûteux, d'une inflation incontrôlée et de l'absence d'appuis régionaux. Le Mali retournera au CFA en 1984, confirmant l'échec monétaire de l'indépendance formelle.

- **Seyni Kountché** a choisi la stabilité macroéconomique via la rente uranifère, consolidant un État fort mais sans transformation productive. Il n'a jamais engagé de réforme structurelle du modèle extractif.

Ces expériences montrent que la souveraineté économique sans infrastructures, ni capital productif, ni alliances régionales alternatives, reste un projet fragile. Le discours de l'AES actuel reproduit les rhétoriques passées sans en corriger les angles morts.

1.2. Monocultures, extractivisme et enclavement : les trois pièges structurels de l'économie sahélienne

Les économies du Mali, du Burkina Faso et du Niger demeurent aujourd'hui prisonnières d'un triptyque structurel : monoculture, extractivisme et enclavement logistique. Ces trois mécanismes conjugués entravent toute stratégie d'autonomisation.

a. Monocultures agricoles ou minières : spécialisation sans résilience

- Le Burkina Faso tire près de 50 % de ses recettes d'exportation du coton, selon les données de la BAD (2023), le rendant vulnérable aux fluctuations des cours mondiaux et aux politiques agricoles des pays du Nord (OCDE, 2022).
- Le Niger dépend quasi-exclusivement de l'uranium, exploité par Orano (ex-Areva), représentant

environ 70 % de ses exportations (Touré et al., 2024). Cette dépendance géoéconomique le rend captif à la fois de la conjoncture énergétique mondiale et des rapports diplomatiques avec ses partenaires.

- Le Mali, bien que riche en or (56 % des exportations en 2023), voit l'essentiel de cette rente captée par des compagnies étrangères (Sylla & Traoré, 2024). Le reste de l'économie repose sur une agriculture de subsistance exposée aux sécheresses et sans accès au marché structuré.

Tableau 1 : Structure des exportations principales (2020–2023), par pays, en % et en valeur absolue (source : FMI, Banque mondiale, BAD)

Ce tableau présente la répartition des principales exportations des pays membres de l'AES. Il illustre la dépendance du Mali à l'or et au coton, celle du Burkina Faso à l'or, et du Niger à l'uranium, soulignant la spécialisation extrême et la vulnérabilité sectorielle de ces économies.

Produit	Mali (%)	Mali (USD M)	Burkina Faso (%)	Burkina Faso (USD M)	Niger (%)	Niger (USD M)
Or	56	2184	60	3522	12	480
Coton	27	1053	25	1468	0	0
Uranium	0	0	0	0	70	2800
Bétail	5	195	3	176	2	80
Autres	12	468	12	704	16	640

Source : Compilation de l'auteur

b. Modèle extractiviste sans transformation locale

La valeur ajoutée des ressources exportées reste marginale. Les rares tentatives de transformation (textile, huilerie, cimenterie) ont échoué à cause d'un manque de protection industrielle, de la concurrence asiatique et d'un faible soutien logistique (UNCTAD, 2021). Le modèle dominant reste celui de la vente brute + importation de produits finis, nourrissant un déficit commercial structurel.

c. Enclavement logistique et dépendance portuaire

Aucun des trois pays ne dispose d'un accès maritime. L'essentiel de leur commerce extérieur transite par les ports de Cotonou (Bénin), Lomé (Togo), Abidjan (Côte d'Ivoire) et Dakar (Sénégal), les exposant à des tensions géopolitiques régulières :

- En 2023, le corridor Niger–Bénin a été fermé, provoquant une chute de plus de 60 % des flux commerciaux bilatéraux (Balima, 2024).
- Le surcoût logistique lié à l'enclavement est estimé entre 20 % et 40 % selon la Banque mondiale (2024), comparé aux pays côtiers.

Figure 1 : Coût logistique moyen (USD/tonne/km) pour les importations/exportations : pays AES vs CEDEAO côtiers

Ce graphique compare le coût moyen de transport pour les pays enclavés de l'AES et les pays côtiers de la CEDEAO. Il met en évidence un surcoût logistique structurel pour les États sahéliens, qui constitue un handicap majeur pour leur compétitivité commerciale.

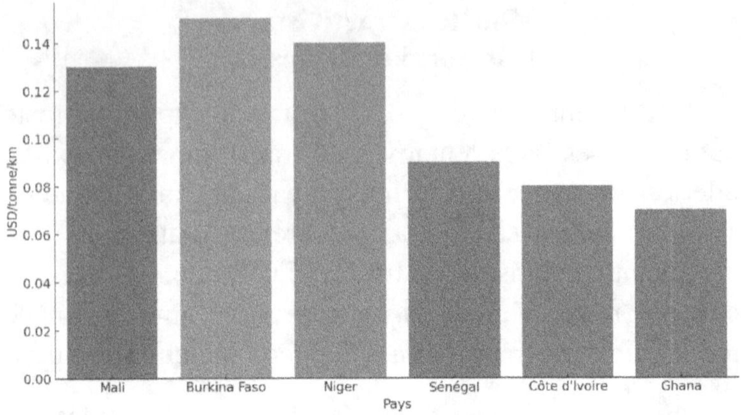

1.3. Échecs répétés des politiques d'industrialisation : le faux départ structurel

Depuis les années 1960, les plans successifs de développement ont inscrit l'industrialisation dans leurs priorités. Pourtant, aucun n'a permis l'émergence d'un tissu industriel national robuste. Trois dynamiques l'expliquent :

a. L'ajustement structurel comme désarmement industriel (1980–2000)

Sous l'égide du FMI et de la Banque mondiale, les réformes des années 1980–1990 ont conduit à :

- La liquidation de nombreuses entreprises publiques : Office du textile du Mali (TEXTIMA), Société nigérienne de ciment, etc.
- L'effondrement de filières locales de transformation (huile, lait, cuir).
- L'ouverture brutale à la concurrence internationale, sans mécanisme de protection ni substitution (Sissoko et al., 2024).

■ Encadré 2 – TEXTIMA (Mali) : Anatomie d'un effondrement industriel programmé

La Textima (Textile du Mali), fondée en 1965 à Ségou, représentait l'un des projets phares d'industrialisation postcoloniale malienne. Reliée à la CMDT pour la valorisation du coton local, elle incarnait la volonté de rompre avec l'exportation brute. En 1979, elle emploie près de 1 500 salariés, produit 10 millions de mètres de tissu/an et couvre une large part des besoins nationaux.

Mais à partir de 1983, plusieurs dynamiques combinées accélèrent sa chute :

- Libéralisation commerciale imposée par l'ajustement structurel → inondation du marché par les textiles asiatiques.
- Désengagement budgétaire de l'État → arrêt des subventions à la filière.
- Dégradation des équipements, absence de recapitalisation → perte de compétitivité.

En 1991, l'entreprise est techniquement en faillite. En 1995, elle est liquidée. En 2024, **le** Mali exporte toujours plus de 80 % de son coton en brut, sans relance sérieuse de transformation locale.

TEXTIMA n'est pas un cas isolé : elle symbolise le basculement d'une stratégie industrielle nationale vers un modèle de dépendance par désindustrialisation, où la compétitivité est importée et la valeur ajoutée captée hors du pays. Ce modèle reste inchangé dans les trois pays de l'AES.

b. Zones économiques spéciales : promesses sans contenu

Les zones industrielles de Ségou (Mali), Bobo-Dioulasso (Burkina), Zinder (Niger) n'ont généré que moins de 10 % des IDE attendus selon l'UNCTAD (2022). En cause :

- Insécurité persistante
- Faiblesse des infrastructures
- Absentéisme de l'État planificateur

Les partenariats public-privé ont échoué à créer une dynamique d'écosystème productif. L'effet d'entraînement espéré ne s'est jamais produit.

c. Financement exogène, conception exogène

Les projets industriels sont majoritairement financés par des acteurs extérieurs (Chine, BOAD, BAD), orientés vers des priorités stratégiques extérieures : routes minières, barrages hydroélectriques, infrastructures extractives.

L'absence de vision industrielle endogène, de stratégie fiscale et de planification souveraine a transformé l'industrie sahélienne en succursale exogène, et non en levier d'autonomie productive.

Le projet de souveraineté économique porté par l'Alliance des États du Sahel s'inscrit dans un paradoxe historique et structurel : il revendique une rupture politique, tout en reposant sur une économie bâtie sur la dépendance, maintenue par des logiques extractives, captée par des élites rentières et financiarisée par des partenaires extérieurs.

L'économie sahélienne est verrouillée autour de trois axes :

- Une spécialisation primaire vulnérable
- Une architecture logistique dépendante
- Une incapacité récurrente à construire un appareil productif autonome

Dans ces conditions, toute prétention à l'autonomie économique sans refondation radicale de ces trois dimensions relève plus du discours performatif que d'une stratégie réalisable.

Le chapitre suivant examinera comment la CEDEAO et l'UEMOA ont renforcé, encadré ou parfois atténué ces logiques de dépendance. Loin d'être de simples boucs émissaires, ces organisations régionales ont joué un rôle ambivalent qu'il convient d'analyser froidement, hors du récit idéologique.

Chapitre 2

CEDEAO et UEMOA : ambivalences d'une intégration asymétrique

2.1. Une intégration régionale inachevée : entre gains économiques et dépendances structurelles

Depuis leur adhésion à la Communauté économique des États de l'Afrique de l'Ouest (CEDEAO) dès sa création en 1975, et à l'Union économique et monétaire ouest-africaine (UEMOA) à partir de 1994, le Mali, le Burkina Faso et le Niger ont inscrit leur trajectoire économique dans un cadre régional multilatéral. L'objectif affiché : surmonter leur enclavement, mutualiser les risques, renforcer leur insertion commerciale et monétaire.

Sur le papier, les bénéfices de cette intégration sont réels :

- Accès à un marché élargi de plus de 400 millions d'habitants.
- Libre circulation des biens, des capitaux et des personnes (Protocole de Dakar, 1979).
- Stabilité monétaire assurée par le franc CFA, arrimé à l'euro via la Banque centrale des États de l'Afrique de l'Ouest (BCEAO).
- Accès aux marchés financiers régionaux via l'UMOA-Titres et la Bourse régionale des valeurs mobilières (BRVM).

Pourtant, derrière ces acquis apparents se cachent des asymétries profondes qui ont contribué à nourrir un ressentiment croissant dans les États enclavés. L'intégration régionale s'est construite selon une logique fonctionnelle et institutionnelle, mais sans transformation des rapports de dépendance entre les pays.

2.2. Une dépendance reproduite : ports, monnaie, financement

a. L'intégration commerciale au service des États côtiers

En 2023, seulement 16 % du commerce extérieur des pays de la CEDEAO est intra-régional (BAD, 2023). Ce chiffre est inférieur à celui de la CEEAC (22 %) ou de la SADC (28 %) et contraste fortement avec les ambitions affichées d'un marché commun.

Or, pour le Mali, le Burkina Faso et le Niger, plus de 70 % des flux commerciaux transitent par les ports des pays côtiers, notamment :

- Abidjan (Côte d'Ivoire),
- Cotonou (Bénin),
- Lomé (Togo),
- Dakar (Sénégal).

Ces ports sont les goulets d'étranglement logistiques de leur commerce international. À titre d'exemple, lors de la fermeture du corridor Niger–Bénin en 2023, les échanges ont chuté de 60 % en trois mois (Balima, 2024). Ces événements démontrent que l'*« intégration régionale »* est en réalité une externalisation des vulnérabilités logistiques : les États sahéliens ne contrôlent ni leurs routes d'exportation, ni leurs hubs de transit.

Ce tableau ci-dessous, met en évidence la dépendance extrême des pays de l'AES à l'égard des corridors portuaires régionaux. Malgré une relative intensification des échanges intra-CEDEAO (entre 12 % et 16 % du commerce total selon les pays), la majorité des flux transite par les ports des pays côtiers, avec une concentration marquée : Dakar pour le Mali, Cotonou pour le Niger, Lomé et Abidjan pour le Burkina Faso. Cette configuration crée une vulnérabilité structurelle, aggravée par les crises politiques et les fermetures de frontières, qui illustrent les limites logistiques et diplomatiques de l'intégration régionale pour les États enclavés.

Tableau 2 : Flux commerciaux et dépendance portuaire des pays de l'AES

Pays	Commerce intra-CEDEAO (%)	Corridor principal	Part transit portuaire (%)	Dépendance critique (événement majeur)
Mali	14	Dakar (66%), Abidjan (25%)	91	Fermeture frontière Sénégal (2022)
Burkina Faso	16	Lomé (38%), Abidjan (23%), Tema (18%)	93	Blocage corridor Ghana-Togo (2022)
Niger	12	Cotonou (69%), Tema (18%)	95	Fermeture du Bénin (2023)

Source : Auteur, 2025

Ce graphique illustre la dépendance des pays de l'AES aux ports des États côtiers. Il met en lumière la concentration logistique vers certains corridors et confirme la vulnérabilité structurelle des États enclavés face aux décisions exogènes ou aux perturbations politiques régionales.

Figure 2 : Répartition des flux commerciaux des pays de l'AES selon les corridors maritimes (2010–2023)

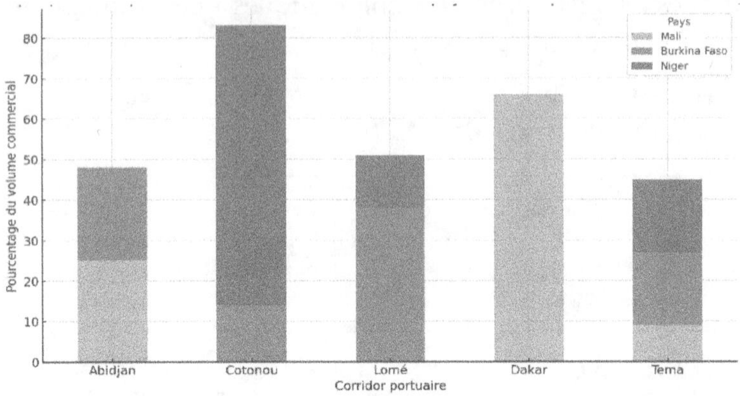

Source : Auteur, 2025

b. Une monnaie commune, mais pas une souveraineté monétaire

Le franc CFA — aujourd'hui adossé à l'euro via un compte d'opérations auprès du Trésor français — est souvent présenté comme un facteur de stabilité macroéconomique. Ses avantages :

- Inflation maîtrisée (~2 %/an),
- Convertibilité assurée,
- Confiance des bailleurs.

Mais cette stabilité a un coût stratégique élevé :

- Aucune flexibilité de change pour répondre aux chocs (ni dévaluation compétitive ni contrôle des capitaux).
- Taux d'intérêt fixés à Dakar, sans marge de manœuvre pour les pays en crise.
- Perte de politique monétaire nationale, donc d'outil de pilotage économique (Sissoko et al., 2024).

Le paradoxe est clair : la zone CFA assure une stabilité que les pays membres ne peuvent pas utiliser stratégiquement.

> **Encadré 3 : La BCEAO : une architecture monétaire sans contrôle politique ?**
>
> La BCEAO, institution monétaire centrale de l'UEMOA, assure la gestion du franc CFA pour les huit États membres. Si son rôle technique est reconnu (maîtrise de l'inflation, stabilité du système bancaire), sa gouvernance est souvent critiquée. Jusqu'à la réforme de 2019, la France siégeait au sein de son Conseil d'administration, alimentant les accusations de tutelle. Depuis, les représentants français ont été retirés, mais les grandes orientations (taux directeurs, politique de change) sont toujours décidées à Dakar sans consultation directe des gouvernements. La BCEAO agit au nom de la stabilité, mais en dehors d'un contrôle politique des citoyens ou des parlements. Elle incarne une forme de technocratie monétaire intégrée, plus réactive aux signaux de marché qu'aux besoins sociaux des États.

c. Financement régional : inégalités de confiance, inégalités de coûts

En 2024, le Mali, le Niger et le Burkina Faso ont levé ensemble 1 866 milliards de FCFA sur les marchés régionaux de l'UEMOA, représentant 34 % du volume total émis cette année-là. Pourtant, leurs taux d'intérêt sont parmi les plus élevés du marché, dépassant 9 % dans certains cas, contre 5–6 % pour le Bénin ou la Côte d'Ivoire (BAD, 2024).

Cette situation révèle une discrimination structurelle sur les marchés régionaux :

- Les investisseurs anticipent une instabilité politique → prime de risque.
- Les agences de notation sous-régionales pénalisent les pays en transition militaire.
- Les règles d'endettement restent uniformes, sans prise en compte des asymétries de position macroéconomique.

2.3. De l'intégration à la frustration : vers un ressentiment périphérique ?

L'un des moteurs implicites du retrait de l'AES de la CEDEAO tient moins à des désaccords doctrinaux qu'à une accumulation de frustrations structurelles :

- Sanctions perçues comme arbitraires en 2021–2022 contre les régimes militaires.
- Sentiment d'un projet régional dominé par les États côtiers, notamment la Côte d'Ivoire, le Sénégal, le Nigeria et le Ghana.
- Absence de mécanismes correcteurs de solidarité (fonds de compensation, transferts budgétaires, politiques de convergence différenciée).

Ce ressentiment est aussi géopolitique : les pays sahéliens s'estiment marginalisés dans les décisions clés de la CEDEAO, notamment en matière de sécurité, de libre circulation, de monnaie et de planification des infrastructures.

La rhétorique d' *« indépendance »* développée par l'AES n'est donc pas qu'un discours populiste : elle est la manifestation d'une perception partagée d'injustice structurelle, même si elle reste floue sur les alternatives concrètes.

Encadré 4 : L'AES est-elle une intégration négative ? Définir ce qui se construit contre et non pour.

Encadré 4 : L'AES est-elle une intégration négative ?

Contrairement aux projets d'intégration classiques, fondés sur la mise en commun de ressources ou la création d'institutions communes, l'AES s'est d'abord définie par le rejet : rejet de la CEDEAO, rejet de la monnaie CFA, rejet de l'ordre sécuritaire régional. Cette dynamique centrée sur la rupture soulève une question conceptuelle : peut-on fonder une intégration sur l'exclusion ? L'AES, à ce stade, apparaît comme une intégration négative : elle ne construit pas un espace économique alternatif consolidé, mais fédère des États autour d'un ressentiment commun. Cette stratégie de coalition défensive peut créer un lien politique fort à court terme, mais risque d'être instable si elle ne débouche pas sur une structuration institutionnelle, commerciale et monétaire crédible à moyen terme.

Nous le voyons bien, le bilan de l'intégration CEDEAO/UEMOA pour les pays sahéliens est fondamentalement ambivalent. Elle leur a permis d'accéder à des ressources financières, à une stabilité monétaire et à une reconnaissance institutionnelle, tout en les maintenant dans une position périphérique de dépendance, sans autonomie stratégique sur la monnaie, le commerce ou la logistique.

Le retrait de l'AES doit donc être compris moins

comme une sortie rationnelle qu'un acte de rupture politique, motivé par une perception d'asymétrie systémique, sans réponse structurelle des institutions régionales.

Le chapitre suivant analysera les options monétaires et économiques alternatives aujourd'hui explorées par l'AES, entre création d'une monnaie propre, alliances avec les BRICS, ou maintien stratégique dans un cadre monétaire réformé.

Chapitre 3

Les répercussions économiques du retrait de la CEDEAO

3.1. Suspension des projets de développement et impact budgétaire

Le retrait du Mali, du Burkina Faso et du Niger de la CEDEAO, conjugué aux sanctions imposées entre 2021 et 2023, a entraîné un choc budgétaire asymétrique. Ces mesures ont généré un effet ciseau : assèchement de l'aide extérieure et hausse des charges financières intérieures, sans compensation structurelle immédiate.

Au Mali, le gel des avoirs à la BCEAO et l'exclusion temporaire du marché régional de la dette ont entraîné une accumulation d'arriérés, avec un déficit atteignant 3,9 % du PIB en 2023. Le poids de la masse salariale (7,7 % du PIB) limite toute capacité d'investissement.

Au Burkina Faso, le déficit a été ramené de 10,7 % à 6,9 % du PIB grâce à une compression drastique des dépenses sociales, mais au prix d'une vulnérabilité accrue. Le financement par le marché régional s'effectue à des taux supérieurs à 9 %.

Au Niger, la rupture post-putsch a entraîné une chute des recettes et une hausse du déficit à 5,4 % du PIB. Les sanctions ont bloqué l'accès aux financements, forçant le pays à solliciter des aides d'urgence et à réorganiser ses priorités.

De nombreux projets cofinancés par la BOAD, la Banque mondiale, l'UE, la France et la Chine ont été gelés, redéployés ou suspendus. Il s'agit notamment d'infrastructures routières, énergétiques, sanitaires et agricoles. L'effet est cumulatif : les pays de l'AES perdent simultanément des ressources, de la capacité de planification, et des leviers de politique publique.

Tableau 3 : Évolution des indicateurs budgétaires 2022–2024 (déficit, dette, aides suspendues)

Pays	Déficit budgétaire 2022 (%)	Déficit budgétaire 2023 (%)	Dette publique 2023 (% PIB)	Aide extérieure suspendue (M€)
Mali	5.0	3.9	56.0	450
Burkina Faso	10.7	6.9	57.0	380
Niger	4.5	5.4	56.6	620

Source: Compilations de auteur, 2025

Ce graphique compare les taux d'intérêt exigés pour les pays de l'AES par rapport à ceux appliqués aux pays côtiers, révélant un écart structurel de confiance.

Figure 3 : Comparaison des taux d'intérêt sur le marché régional de l'UEMOA en (2023) (pays AES vs pays côtiers)

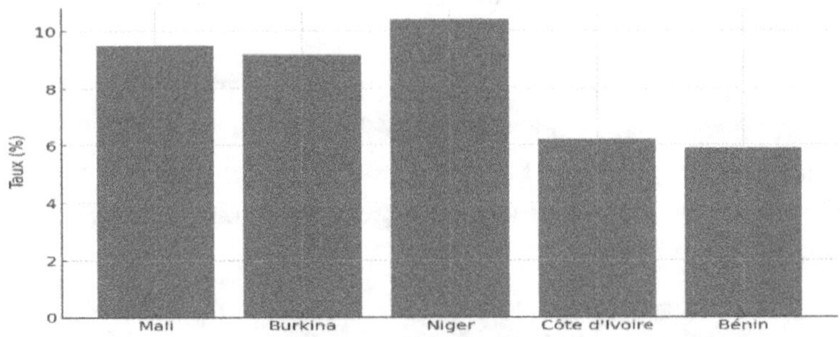

Source : Auteur, 2025

3.2. Restrictions sur la circulation des biens, services et capitaux

Les sanctions de la CEDEAO ont enclenché une fragmentation brutale des flux commerciaux, logistiques et financiers. Les frontières terrestres ont été fermées (Mali-Sénégal, Niger-Bénin), entraînant une chute de 60 % des échanges dans certains corridors.

Les flux de capitaux ont été paralysés par le gel des opérations de la BCEAO et la déconnexion temporaire des systèmes de paiement. Le retrait des pays de l'AES du marché régional a isolé leurs banques commerciales et mis sous tension les chaînes de financement internes.

Les acteurs privés ont réagi par des circuits parallèles : émergence de routes informelles, contournements via la Mauritanie et la Guinée, recours à la logistique non conventionnelle. Si cette adaptabilité témoigne d'une certaine résilience, elle induit un surcoût durable, un affaiblissement du contrôle douanier et une informalisation accrue de l'économie.

Figure 4 : Effondrement du volume d'échanges sur les principaux corridors CEDEAO (2021–2024) (Base 100 = 2021)

L'indice met en évidence la chute drastique des échanges à la suite des sanctions CEDEAO, puis une reprise partielle via des corridors alternatifs.

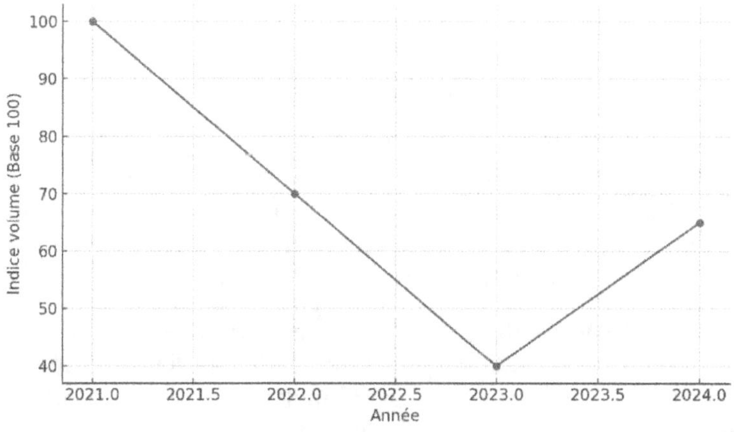

Source: Auteur, 2025

Tableau 4 : Comparatif des restrictions appliquées aux flux commerciaux, financiers et logistiques

Pays	Fermeture frontières	Gel BCEAO	Marché UEMOA suspendu
Mali	Sénégal, Côte d'Ivoire	Oui	Oui (2022)
Burkina Faso	Ghana, Togo	Non	Non
Niger	Bénin, Nigeria	Oui	Oui (2023)

Source: Auteur, 2025

3.3. Réorganisation des relations commerciales avec les États côtiers

La fermeture des routes traditionnelles a entraîné une recomposition rapide et non planifiée des réseaux logistiques. Les pays de l'AES ont dû rediriger leurs exportations et importations vers des corridors alternatifs :

- **Nord** : Algérie (Tamanrasset), Maroc (via Mauritanie).
- **Ouest** : Nouakchott, Conakry.
- **Est** : Tchad, Cameroun.

Ces routes, moins développées, ont permis de maintenir une activité minimale, mais elles sont plus longues, plus chères et plus risquées. Les accords bilatéraux signés à la hâte peinent à compenser l'effet d'échelle perdu par l'exclusion des grands corridors CEDEAO.

Des routes informelles ont également émergé, avec une hausse des coûts de transaction et des pertes logistiques. Les ports de Nouakchott, Conakry et Oran ont vu augmenter leur fréquentation, mais sans absorber les volumes historiques des ports ouest-africains.

Tableau 5 : Reconfiguration des flux logistiques et part de substitution par corridors alternatifs

Pays	Corridors traditionnels	Corridors alternatifs	Part approximative détournée (%)
Mali	Abidjan, Dakar	Nouakchott, Conakry	35
Burkina Faso	Lomé, Abidjan	Conakry, Nouakchott	30
Niger	Cotonou, Lomé	Algérie, Tchad	40

Source: Auteur, 2025

Encadré 1 – La guerre logistique silencieuse : du corridor Bénin–Niger à l'émergence du triangle Algérie–Mauritanie–Guinée

La fermeture des frontières entre le Niger et ses voisins CEDEAO en 2023 a provoqué une véritable guerre logistique. Le corridor Cotonou–Niamey, poumon commercial du Niger, s'est brutalement tari. En réponse, des routes alternatives ont émergé : via Tamanrasset et Oran en Algérie, Nouakchott en Mauritanie, ou Conakry en Guinée. Si ces solutions ont partiellement compensé, elles reposent sur des réseaux fragiles, peu équipés, et vulnérables aux aléas géopolitiques. Le Sahel enclavé, jadis tourné vers l'Atlantique, s'ouvre désormais vers le nord et l'ouest – un redéploiement stratégique risqué, mais porteur d'une logique d'émancipation logistique profonde.

Finalement, le retrait de la CEDEAO constitue un événement fondateur de désintégration économique non accompagnée. Les pays de l'AES en supportent le coût : contraction des ressources, isolement financier, régression logistique, fragmentation du tissu économique.

La transition vers une nouvelle architecture commerciale et financière reste embryonnaire, fragmentée et exposée à l'incertitude géopolitique. Si la résilience des acteurs locaux est notable, elle ne remplace pas un cadre intégré viable.

Le prochain chapitre explorera les expériences comparées d'autres processus de désintégration régionale, pour situer l'AES dans une perspective historique et internationale critique.

PARTIE II

SCÉNARIOS D'INTÉGRATION ET DÉSINTÉGRATION : LEÇONS ET MODÉLISATIONS

Chapitre 4 :

Expériences comparées d'intégration et de désintégration économique

Peut-on sortir d'un système d'intégration sans en reconstruire un autre ? L'histoire récente fournit plusieurs exemples de désintégration régionale — ordonnée, brutale ou substituée — qui permettent d'évaluer les conditions de viabilité d'une rupture. En quittant la CEDEAO sans traité, sans période de transition ni dispositif de remplacement, l'Alliance des États du Sahel (AES) inaugure un cas singulier. Ce chapitre examine trois expériences comparées : le Brexit (désintégration négociée), la dissolution de l'URSS (implosion brutale), et la transition COMESA/SADC (réalignement régional). L'objectif est d'en tirer des enseignements concrets pour la trajectoire de l'AES.

Tableau 6 : Typologie des désintégrations régionales (modalité, durée, coût, cadre de sortie, statut institutionnel post-rupture)

Critères	Brexit	URSS	SADC/COMESA	AES
Cadre juridique de sortie	Oui (Article 50)	Non	Non formel	Non
Période de transition	Oui (11 mois)	Non	Oui (progressif)	Non
Institution de remplacement	Oui (UK-EU deals)	Non	Oui (SADC structures)	Non
Stabilité	Modérée	Chaotique	Stabilisée	Instable

post-retrait				
Coût économique immédiat	Modéré (-11% IDE)	Très élevé (hyperinflation, -14% PIB)	Faible	Élevé (gel marchés, IDE, logistique)

Source : Auteur, 2025

4.1. Trois modèles de désintégration : leçons structurelles

a. Le Brexit : négocier pour amortir

La sortie du Royaume-Uni de l'Union européenne (Brexit), votée en 2016 et actée juridiquement en 2020, est un cas de désintégration négociée et encadrée. Le Royaume-Uni a :

- activé un mécanisme de retrait prévu par traité (article 50),
- bénéficié d'une période de transition de 11 mois,
- conservé des accords sectoriels (douane, commerce, santé),
- mobilisé une administration puissante et des institutions monétaires indépendantes.

Effets économiques : baisse temporaire des IDE (-11 % en 2021), contraction du commerce avec l'UE (-15 % en 2022), mais rattrapage partiel dès 2023.

Enseignement pour l'AES : Une désintégration négociée réduit les chocs. L'AES n'a négocié aucun cadre de sortie ni calendrier. Elle ne dispose ni d'administration robuste, ni de marché interne de substitution.

b. URSS : implosion sans filet

La dislocation de l'URSS (1991–1992) a produit une désintégration désordonnée et systémique :

- pas de plan de sortie ni de gouvernance post-rupture,
- tentative avortée de « zone rouble »,
- effondrement du commerce intrarégional (-60 % en deux ans),
- hyperinflation (jusqu'à 2 300 % en Russie en 1992).

Conséquences : explosion des inégalités, chute des dépenses sociales, contraction du PIB de -14 % en moyenne entre 1992 et 1994.

Enseignement pour l'AES : Une désintégration sans institutions produit un vide économique. Le Mali, le Niger et le Burkina ne disposent d'aucune banque centrale commune ni de dispositif de compensation monétaire. Le risque d'un choc monétaire existe si le CFA est abandonné sans transition.

c. SADC / COMESA : désintégration par substitution

Dans les années 2000, plusieurs pays africains (RDC, Angola, Tanzanie) ont quitté ou réduit leur engagement dans le COMESA pour rejoindre la SADC. Il s'agissait :

- d'un réalignement géopolitique (langue, leadership régional),
- d'un choix fondé sur l'efficacité perçue de la SADC (projets concrets, moins bureaucratique),
- sans rupture diplomatique.

Conséquences : peu de coûts directs, maintien d'accords bilatéraux, pas de crise commerciale.

Enseignement pour l'AES : Une désintégration souple est possible si un cadre alternatif plus efficace existe. L'AES ne substitue aucun mécanisme fonctionnel à ceux de la CEDEAO/UEMOA.

Figure 5 : Comparatif des coûts et durées de sortie (Brexit vs URSS vs COMESA)

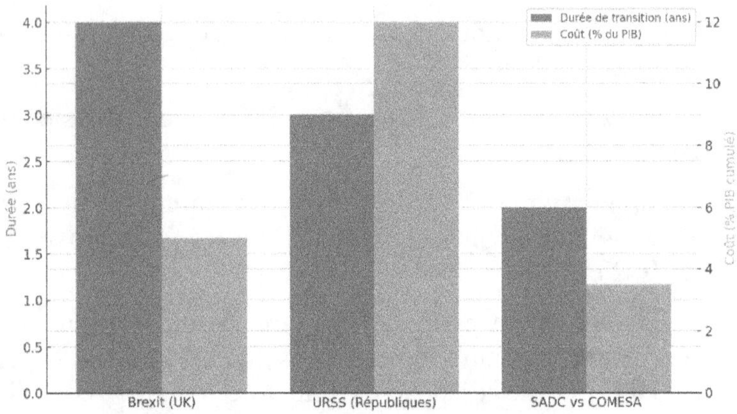

Source : Auteur, 2025

Cette figure compare trois cas historiques de désintégration économique : le Brexit, la dissolution de l'URSS, et la divergence régionale entre la SADC et le COMESA. Elle illustre les écarts en durée de transition et en coût économique cumulé (en pourcentage du PIB). Le cas de l'URSS présente le coût le plus élevé en raison de l'effondrement institutionnel, tandis que la sortie du Royaume-Uni de l'Union européenne, bien que politiquement encadrée, a généré des pertes commerciales significatives. Le cas SADC/COMESA montre que les désengagements silencieux ou partiels peuvent limiter les dégâts, mais au prix d'une intégration affaiblie. Cette comparaison éclaire les choix auxquels l'AES sera confrontée.

4.2. L'AES : une sortie sans transition ni planification

a. Un retrait simultané et brutal

Contrairement aux cas précédents, l'AES n'a :

- pas négocié sa sortie,
- pas défini de calendrier transitoire,
- pas créé d'institution de remplacement crédible.

Les décisions prises (retrait CEDEAO, projet de monnaie) ne s'appuient sur aucun texte juridique structurant, aucune architecture monétaire, aucun mécanisme de stabilisation logistique.

> ■ **Encadré à insérer ici : "Sortir, mais pour construire quoi ?**
>
> Les expériences historiques de désintégration régionale démontrent une règle immuable : toute sortie viable exige une architecture institutionnelle de remplacement. Le Brexit s'est appuyé sur un État-providence puissant, l'URSS a explosé faute de coordination post-soviétique, la SADC a absorbé des transferts du COMESA sans rupture brutale. L'AES, elle, rompt sans substituer. Elle ne crée ni zone monétaire crédible, ni plan logistique intégré, ni stratégie de convergence économique. Sortir d'un cadre contraignant peut être nécessaire ; sortir sans projet alternatif est stratégiquement suicidaire.

b. Coûts immédiats et différés

- ✔ **Immédiats :**
- Gel de l'accès aux marchés financiers régionaux (UMOA-Titres),

- Suspension des financements (UE, FMI, BOAD),
- Réallocation logistique coûteuse (corridors non CEDEAO).
- ✔ **Différés :**
- Ralentissement de l'investissement productif (IDE),
- Dégradation de la notation financière,
- Inflation potentielle en cas de désancrage monétaire.

Figure 6 : Coûts macroéconomiques post-rupture (comparés à d'autres désintégrations)

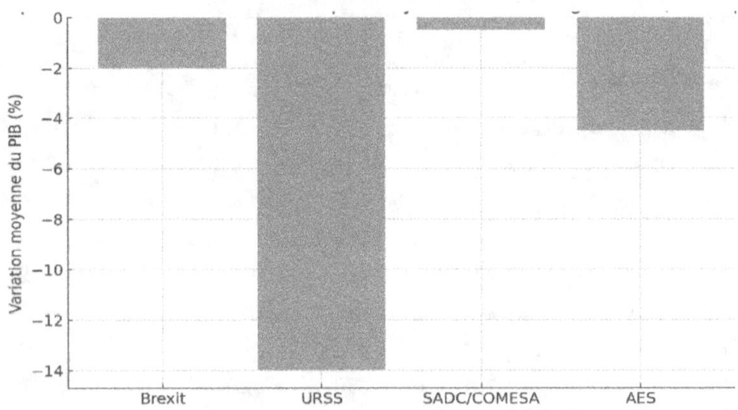

Source : Auteur, 2025

Ce graphique compare les pertes moyennes de PIB enregistrées deux ans après différentes sorties de blocs régionaux. L'AES, bien que moins intégrée que l'UE, subit des coûts économiques immédiats significatifs en l'absence de stratégie de substitution.

c. Un vide institutionnel sans précédent

Aucune union régionale contemporaine n'a quitté un bloc économique majeur sans :

- dispositif de rechange (marché, monnaie, douane),
- traité de retrait,
- transition technocratique.

L'AES se distingue par une stratégie politico-identitaire, fondée sur une rupture symbolique, mais sans capacité de mise en œuvre technique. Il n'y a ni direction commune AES, ni parlement, ni stratégie logistique intégrée, ni capitalisation partagée. La désintégration de la CEDEAO devient alors un acte politique sans levier économique.

Il devient alors évident que l'analyse comparée des désintégrations économiques montre une constante : on ne sort pas d'un bloc sans construire des institutions de remplacement. Le Brexit, malgré ses coûts, fut géré. La SADC, malgré ses limites, a proposé une alternative. L'URSS a implosé faute de coordination. L'AES cumule les faiblesses : pas de cadre de retrait, pas d'institutions nouvelles, pas d'alliance économique construite.

Cette désintégration est un acte de rupture sans mécanisme de substitution, qui expose ses membres à des vulnérabilités structurelles durables.

Chapitre 5

Modéliser les trajectoires possibles de l'AES

Dans le sillage de son retrait de la CEDEAO, l'Alliance des États du Sahel (AES) a proclamé sa volonté d'atteindre une autonomie économique complète. Au cœur de cette ambition : la question monétaire. Or, une rupture monétaire est le test ultime d'un projet de souveraineté. C'est là que se mesurent la capacité d'un État à stabiliser son économie, à inspirer confiance, et à maîtriser ses choix budgétaires.

La création d'une monnaie AES est agitée comme une évidence politique, sans que ses implications techniques, économiques et sociales soient anticipées. Ce chapitre propose donc une modélisation critique des trajectoires monétaires possibles.

Trois scénarios sont envisagés :

1. Maintien stratégique dans le franc CFA avec réforme ;

2. Création d'une monnaie commune AES ;

3. Alignement sur une devise tierce (yuan, rouble, dinar algérien).

5.1. Trois scénarios, trois enjeux

Scénario 1 – Maintien dans le CFA réformé : statu quo stratégique

Rester dans la zone franc permettrait de maintenir une stabilité monétaire :

- inflation basse et crédibilité vis-à-vis des investisseurs,
- accès aux marchés financiers régionaux (UMOA-Titres) et système bancaire préservé.

Mais ce choix suppose une réforme politique de l'UEMOA, ce qui dépend d'une volonté collective difficile à obtenir. Il serait perçu comme une reddition symbolique, contraire à la rhétorique souverainiste portée par l'AES.

Tableau 7 : Inflation projetée selon maintien CFA vs rupture (2025–2028)

Pays	Année de rupture	Inflation année 1 (%)	Perte IDE (%)	Stabilité monétaire après 2 ans
Guinée	1985	22.5	-40	Non
Ghana	1983	35.0	-25	Partielle
Zimbabwe	2008	89700000.0	-90	Aucune

Source : Auteur, 2025

Scénario 2 – Création d'une monnaie AES : souveraineté risquée

Créer une monnaie propre implique :

- Établir une banque centrale régionale fonctionnelle ;
- Constituer des réserves de change suffisantes ;
- Concevoir un régime de change crédible.
- Mais les trois pays de l'AES :
- n'ont pas d'excédent commercial durable,
- disposent de moins de 3 mois de réserves d'importation cumulées,
- souffrent d'un déficit de confiance interne et externe.

Comparaisons :

- Guinée (1985) : désancrage du franc CFA → hyperinflation.
- Zimbabwe (2008) : création monétaire → dollarisation de fait.
- Ghana (1982–84) : réforme monétaire partielle → instabilité prolongée.

Tableau 8 : Cas africains de création monétaire souveraine : résultats macroéconomiques

Pays	Réserves (Mds USD)	Mois de couverture
AES (cumulé)	2.7	2.5
Ghana	6.5	4.3
Nigeria	34.0	6.7

Source : Auteur, 2025

Scénario 3 – Ancrage externe : stabilité sans autonomie

Une alternative serait d'adopter une devise de référence (yuan chinois, rouble russe, dinar algérien). Cette option, déjà expérimentée partiellement par la Biélorussie ou certains pays d'Amérique latine, permet d'éviter l'effondrement monétaire… au prix de la dépendance.

✔ Stabilité des prix garantie par l'ancrage ;

✔ Accès potentiel à des lignes de crédit « géopolitiques ».

✖ Perte totale de politique monétaire ;

✖ Risque de rupture avec les partenaires multilatéraux traditionnels.

Encadré – Les trois dimensions d'un basculement monétaire : technique, politique, psychologique

Changer de régime monétaire ne relève pas d'une simple décision de souveraineté symbolique. C'est une opération systémique qui engage, simultanément, trois niveaux de complexité interdépendants. L'histoire des transitions monétaires ratées en Afrique (Guinée, Zimbabwe, Ghana) montre qu'ignorer l'une de ces dimensions mène à l'instabilité, voire à l'effondrement de la monnaie nouvelle.

1. **La dimension technique** :
   Elle implique la capacité concrète à :
   - émettre et gérer une nouvelle monnaie (infrastructure de production, banque centrale fonctionnelle, dispositifs de change),
   - établir un cadre légal et comptable (loi de convertibilité, règles de transition des contrats),
   - stabiliser la masse monétaire (via taux directeurs, réserves, supervision bancaire).

➤ Sans maîtrise technique, la monnaie devient un instrument d'improvisation budgétaire, et l'inflation une certitude.

2. **La dimension politique** :
   Elle repose sur :
   - l'existence d'un consensus national (élites, opposition, société civile, secteur privé) autour du projet,
   - la gouvernance indépendante de la banque centrale,

- la capacité à résister à la tentation de la planche à billets pour financer les déficits.

➤ Sans pilotage politique légitime, la monnaie sera perçue comme un instrument de contrôle autoritaire ou de fuite en avant populiste.

3. **La dimension psychologique** :
   C'est le facteur le plus sous-estimé, mais décisif :

   - la confiance des agents économiques (ménages, banques, entreprises) conditionne l'acceptabilité de la nouvelle unité monétaire,
   - toute ambiguïté sur la stabilité de la valeur, la convertibilité, ou l'usage transfrontalier génère des comportements de défense : thésaurisation, conversion en devises étrangères, fuite de capitaux.

➤ Sans confiance, il n'y a pas de monnaie : seulement un papier que l'on cherche à échanger contre autre chose, le plus vite possible.

Conclusion analytique :
Tout basculement monétaire implique une gestion simultanée de ces trois dimensions. L'échec de l'une compromet l'ensemble. L'AES ne pourra réussir une transition que si elle anticipe, encadre, et légitime chacun de ces volets. Sinon, la nouvelle monnaie, loin de symboliser la souveraineté retrouvée, deviendra le vecteur d'une perte accélérée de stabilité économique et sociale.

5.2. Simulations macroéconomiques et projections comparées

Inflation

- **CFA réformé** : taux maintenus à 2–4 % (niveau UEMOA 2022–2023).
- **Monnaie AES** : risque de dérive inflationniste entre 15 et 30 % la première année (cf. Guinée 1985, Zimbabwe 2008).
- **Devise tierce** : inflation importée limitée (environ 5–6 %) si devise crédible, mais dépend du pays émetteur.

Figure 7 : Courbe d'inflation simulée selon les trois scénarios (2025–2028)

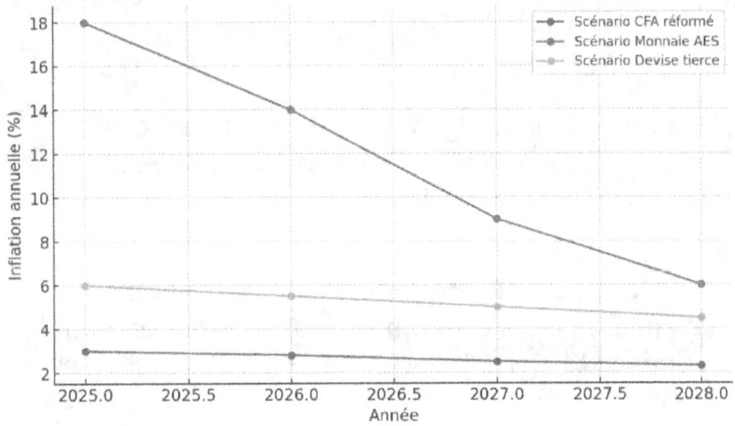

Source : Auteur, 2025

Ce graphique illustre les trajectoires comparées d'inflation sous trois scénarios : maintien dans le CFA, création d'une monnaie AES, et adoption d'une devise tierce. Il montre que le scénario d'une monnaie souveraine entraîne un risque inflationniste marqué, tandis que le CFA assure une stabilité maîtrisée.

Réserves de change

- Aucun des trois États ne dispose, seul ou ensemble, de réserves suffisantes pour garantir un régime fixe.

- Les réserves cumulées en 2023 couvrent **environ 2,5 mois d'importations**, loin des 6 mois considérés comme seuil de crédibilité.

- Sans filet BCEAO, le risque de dévaluation non maîtrisée est élevé.

Tableau 9 : Réserves de change et couverture des importations (AES vs Ghana vs Nigeria, 2023)

Pays	Réserves de change (Mds USD)	Couverture des importations (mois)	Risque de change (échelle 1-5)
AES (cumulé)	2.7	2.5	5
Ghana	6.5	4.3	4
Nigeria	34.0	6.7	2

Source : Auteurs, 2025

Ce tableau compare les réserves de change et la capacité de couverture des importations entre l'AES, le Ghana et le Nigeria. Il met en évidence la vulnérabilité des États de l'AES, dont les réserves cumulées sont insuffisantes pour garantir la stabilité d'une monnaie propre.

Investissements et fuites de capitaux

- Le scénario CFA conserve un effet signal positif : règles connues, convertibilité garantie, risque limité.

- La sortie provoquerait :

    - retrait partiel ou total des investisseurs européens et multilatéraux,

    - hausse des primes de risque,

    - contraction des IDE jusqu'à -40 % à court terme.

Les précédents montrent un effet immédiat de désinvestissement, aggravé si la nouvelle monnaie est imposée sans consensus interne.

5.3. Évaluer les risques asymétriques

a. Fuites de capitaux et dollarisation

Dans tous les pays ayant quitté un ancrage stable, les premiers mois ont vu :

- une hausse des dépôts en devises,
- des retraits bancaires massifs (bank run),
- une explosion de l'économie informelle.

En Guinée, le taux de thésaurisation a doublé entre 1985 et 1986. Au Zimbabwe, les dépôts en USD ont remplacé la monnaie nationale en quelques mois.

Encadré 2 – Taux de dollarisation post-crise dans cinq pays africains : une alerte pour l'AES

L'histoire économique du continent africain fournit plusieurs exemples de dollarisation de fait après des épisodes de désancrage monétaire ou d'effondrement de la confiance dans la monnaie nationale. Ces cas mettent en lumière un comportement régulier des agents économiques : face à l'incertitude monétaire, ils fuient vers les devises étrangères(souvent le dollar américain, l'euro ou le franc CFA).

Le taux de dollarisation désigne ici la part des dépôts bancaires, des transactions ou de l'épargne réalisée dans une devise étrangère. Lorsqu'il dépasse 50 %, la monnaie nationale devient marginale, perdant son rôle de réserve de valeur et de moyen d'échange crédible.

Le tableau ci-dessous résume les trajectoires de cinq pays africains ayant connu une perte de contrôle monétaire entre les années 1980 et 2010.

Tableau 10 : Taux de dollarisation post-crise dans cinq pays africains

Pays	Période de crise	Taux de dollarisation post-crise (12–24 mois)	Monnaie nationale maintenue ?	Cause principale de la dollarisation
Zimbabwe	2006–2009	> 90 %	Non (abandonnée en 2009)	Hyperinflation (231 M% en 2008)
Guinée	1985–1986	≈ 60 %	Oui	Désancrage unilatéral du CFA
Angola	1994–1997	70–75 %	Oui	Guerre civile + perte de contrôle
Ghana	1982–1984	45–50 %	Oui	Crise budgétaire, inflation >100 %
RDC (Zaïre)	1991–1993	> 80 %	Oui, puis changée	Effondrement institutionnel

Source : Auteur, 2025

Enseignement pour l'AES :

La dollarisation est rarement une décision politique. C'est une conséquence directe d'une perte de crédibilité de la monnaie nationale ou de la politique économique. Si l'AES abandonne le CFA sans offrir une monnaie stable, bien gérée, avec une gouvernance claire et une couverture en devises suffisante, les populations imposeront une dollarisation informelle. Et aucune rhétorique de souveraineté ne suffira à restaurer la confiance.

b. Stabilité bancaire

La sortie du CFA implique :

- conversion obligatoire des dépôts,

- gel temporaire des opérations bancaires,
- rupture potentielle de confiance.

Sans système de garantie des dépôts, les banques nationales risquent un effondrement de la liquidité, ce qui impose une **nationalisation temporaire ou une recapitalisation d'urgence**.

Tableau 11 : Autonomie gagnée vs stabilité perdue

Scénario	Inflation	IDE	Banque	Souveraineté
CFA réformé	Faible	Moyenne	Stabilité	Faible
Monnaie AES	Élevée	Chute probable	Instable	Élevée
Devise tierce	Moyenne	Sélective (Chine, Russie)	Moyenne	Nulle

Source : Auteur, 2025

Figure 8 : Figure 5.1 – Matrice des compromis monétaires (risque / gain stratégique)

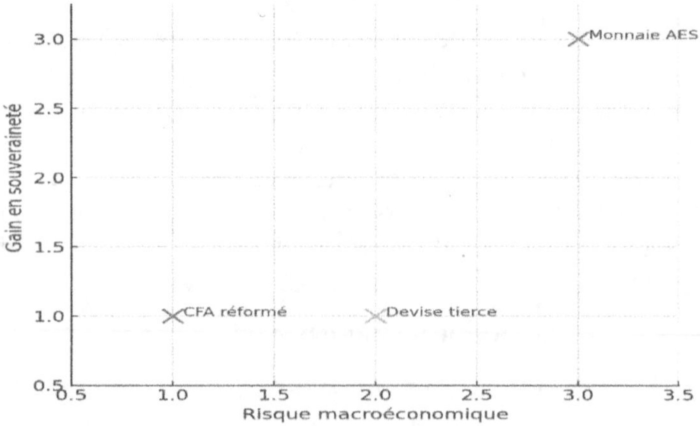

Source : Auteur, 2025

Cette figure illustre le positionnement relatif des trois trajectoires possibles pour l'AES selon deux dimensions : le risque macroéconomique encouru et le degré de souveraineté potentiellement obtenu. La monnaie AES maximise la souveraineté, mais au prix d'un risque élevé.

En définitive, l'AES se trouve face à un dilemme stratégique majeur. Entre la stabilité assurée du CFA, le saut risqué vers une monnaie souveraine, ou l'alignement opportuniste sur une devise tierce, aucun scénario n'est neutre. Tous comportent des pertes, des risques asymétriques, et des exigences de crédibilité que les trois États ne remplissent pas à ce jour.

Créer une monnaie n'est pas un acte symbolique. C'est un pari de long terme qui engage la confiance, la discipline budgétaire, l'architecture bancaire et la cohésion politique. L'expérience des pays africains ayant tenté une sortie monétaire (Guinée, Ghana, Zimbabwe) montre qu'en l'absence d'un écosystème institutionnel solide, la monnaie devient un facteur de fragilité, non d'émancipation.

Le prochain chapitre analysera comment, en parallèle de cette reconfiguration monétaire, l'AES peut envisager une stratégie productive : transformation industrielle, corridors logistiques alternatifs, souveraineté énergétique. Car sans base productive, toute monnaie souveraine reste une fiction risquée.

PARTIE III

CONTRAINTES SYSTÉMIQUES ET CAPACITÉS ENDOGÈNES DE RÉINVENTION

Chapitre 6

Dépendance logistique et corridors alternatifs : mythe ou solution ?

Introduction : L'enclavement, une vulnérabilité devenue champ de bataille

Les économies sahéliennes sont doublement pénalisées par leur géographie et leur trajectoire d'intégration : enclavées, elles dépendent de corridors côtiers qu'elles ne contrôlent ni politiquement, ni institutionnellement. Le commerce extérieur du Mali, du Niger et du Burkina Faso dépend à plus de 80 % de ports situés dans des pays extérieurs à l'AES, notamment la Côte d'Ivoire, le Sénégal, le Togo, le Bénin.

Cette dépendance logistique, héritée de la colonisation et aggravée par la sous-capitalisation des infrastructures nationales, s'est révélée explosive lors des sanctions CEDEAO (2022–2023). L'arme économique s'est matérialisée dans le béton : fermeture de frontières, asphyxie des flux, détournements forcés vers d'autres routes.

La réponse de l'AES a pris la forme d'un contournement stratégique par la Mauritanie, la Guinée, l'Algérie et le Tchad, au nom d'une autonomie logistique revendiquée. Ce chapitre interroge la viabilité de cette réorientation : les corridors alternatifs sont-ils des solutions structurelles ou des bricolages de crise ? Et dans quelle mesure leur activation constitue-t-elle une réponse logistique crédible à l'enclavement systémique du Sahel ?

Figure 9 : Carte logistique – Réseaux de corridors traditionnels vs routes alternatives ouvertes post-2022

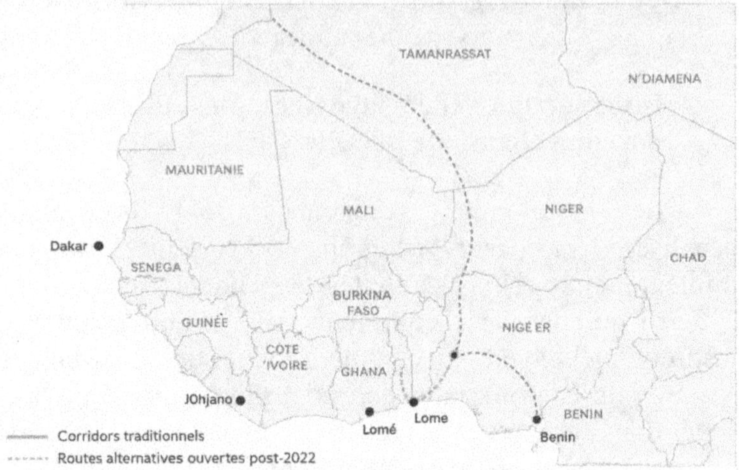

Source: Auteur, 2025

Cette carte représente les itinéraires traditionnels d'exportation des pays de l'AES (via ports CEDEAO) et les nouveaux corridors activés suite aux sanctions : Conakry, Nouakchott, Tamanrasset, N'Djamena.

6.1. Les États côtiers, entre partenaires et points d'étranglement

Jusqu'en 2021, la configuration logistique sahélienne reposait sur une hiérarchie stable :

- Le port de Dakar drainait 70 % du trafic malien ;
- Cotonou assurait 70–80 % du transit nigérien ;
- Le Burkina Faso oscillait entre Abidjan, Tema (Ghana) et Lomé (Togo).

Cette géographie fonctionnelle était toutefois asymétrique : les pays enclavés dépendaient totalement du bon vouloir, de la stabilité politique et de la coopération douanière des États côtiers. Dès lors que ces derniers ont été instrumentalisés comme bras économique de la CEDEAO pour punir les régimes militaires de l'AES, cette dépendance s'est muée en strangulation.

Effets immédiats observés entre janvier 2022 et décembre 2023 :

- Blocage de milliers de camions sur les axes Bénin–Niger, Sénégal–Mali ;
- Ruptures d'approvisionnement en carburant, médicaments, intrants agricoles ;
- Explosion des prix à la consommation sur les marchés sahéliens ;
- Dégradation accélérée de la balance commerciale.

Figure 10 : Évolution des flux commerciaux par corridor avant/après sanctions CEDEAO (2021–2023)

Ce tableau illustre la reconfiguration logistique majeure opérée par les pays de l'AES à la suite des sanctions de la CEDEAO. Les corridors traditionnels (notamment Dakar–Bamako et Cotonou–Niamey) ont subi des baisses drastiques de trafic, tandis que les corridors alternatifs (Conakry, Nouakchott, Tamanrasset) ont vu leur importance logistique croître significativement entre 2021 et 2023.

Corridor	Part des flux en 2021 (%)	Part des flux en 2023 (%)	Évolution (%)
Dakar–Bamako	70	15	-55
Abidjan–Ouaga	55	35	-20
Cotonou–Niamey	75	10	-65

Corridor	Part des flux en 2021 (%)	Part des flux en 2023 (%)	Évolution (%)
Conakry–Bamako	8	40	32
Nouakchott–Bamako	5	30	25
Tamanrasset–Gao/Niamey	2	20	18

Source : Auteur, 2025

Mais cette crise n'a pas seulement mis à nu une fragilité structurelle. Elle a servi de révélateur stratégique : l'enclavement logistique n'est pas neutre, il peut être militarisé, monétisé, ou dépolitisé… à condition d'en reprendre le contrôle.

6.2. La ruée vers les alternatives : entre urgence tactique et pari géopolitique

a. La réorientation vers Nouakchott et Conakry : survie ou bascule ?

Face aux fermetures orchestrées par la CEDEAO, le Mali a rouvert dès janvier 2022 le corridor Bamako–Nouakchott, et massivement détourné ses exportations de coton vers la Guinée. Résultat :

- Le port de Conakry est passé de 10 % à près de 60–70 % du trafic malien.
- Nouakchott a servi de voie d'évacuation pour l'or, le coton et les céréales.
- ✔ **Atouts** :
- Absence de sanctions, neutralité politique relative.

- Volonté étatique de fluidification (facilités douanières).
- Coût portuaire inférieur à Dakar ou Abidjan.
- ❌ **Limites** :
- État déplorable des axes routiers secondaires (Nioro–Bamako, Kayes–Kati).
- Fragilité sécuritaire résiduelle sur certaines portions.
- Dépendance technique (capacités portuaires encore limitées à Conakry).

Le graphique 11 montre l'évolution de la part des différents ports dans les exportations du Mali. On observe une chute progressive de Dakar et une montée rapide de Conakry et Nouakchott depuis 2022.

Figure 11 : Part modale des ports sahéliens dans les exportations du Mali (2019–2024)

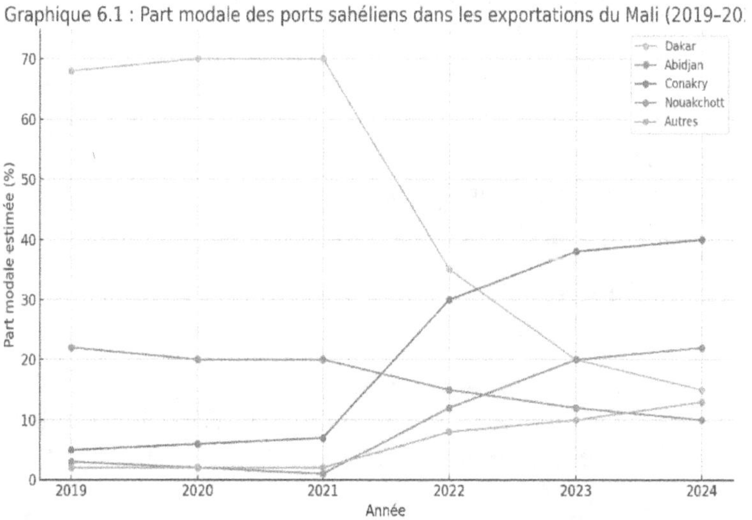

Source : Auteurs, 2025

b. L'axe transsaharien : potentiel stratégique, goulet bureaucratique

Le **corridor Tamanrasset–Assamakka–Niamey/Bamako** incarne l'alternative la plus ambitieuse. L'Algérie propose un débouché rapide et direct sur le nord du Sahel :

- **7 à 8 jours** de transit (contre 17–23 jours via l'ouest africain).
- Frais portuaires inférieurs de 30 à 40 %.
- Subventions algériennes sur le fret.
- Mais la réalité est plus rugueuse :
- L'Algérie n'est **pas membre du système TRIE** → surcharge bureaucratique.
- **Postes frontières sous-équipés**, absence de connectivité douanière.
- Zones grises sécuritaires persistantes (Nord Mali, Nord Niger).

Le corridor transsaharien **existe sur le papier**, mais il manque encore de logistique « de bout en bout ». Il pose aussi une question politique majeure : *la dépendance logistique peut-elle être déplacée sans être reproduite ?*

Figure 12 : Carte 6.2 – Axe transsaharien, tronçons bitumés et ruptures logistiques (actualisé 2024)

Cette carte illustre les infrastructures routières sur le corridor transsaharien entre l'Algérie, le Niger et le Mali. Elle met en évidence les portions achevées, les ruptures d'entretien, et les zones à risque.

Source : Auteur, 2025

c. Le Tchad et les autres marges : pistes de substitution ou impasses ?

Le Niger a rouvert sa frontière avec le Tchad fin 2023, cherchant à diversifier ses voies d'importation et d'exportation. Mais cette route reste marginale :

- Pas de port autonome, dépendance à Douala (Cameroun).

- Instabilité politique du Tchad, routes étroites, surveillance douanière faible.

Le corridor Tchadien illustre la limite du contournement intégral : sans infrastructures robustes ni sécurité politique régionale, les marges logistiques restent des promesses sans port d'arrivée.

6.3. De l'intégration rêvée à l'auto-logistique défensive

L'Afrique de l'Ouest a longtemps misé sur une intégration logistique régionale : CEDEAO, ZLECAf, CEN-SAD, PIDA… Autant de sigles que de promesses non tenues. Les projets d'interconnexion (Abidjan–Ouaga–Niamey, Lagos–Bamako, rail Côte d'Ivoire–Burkina) sont en chantier depuis deux décennies sans matérialisation significative.

La logique actuelle de l'AES est donc une rupture : on ne négocie plus l'intégration, on construit une logistique défensive, bilatérale, tactique. On ne parle plus de corridor régional, mais de routes politiques. Chaque route devient un alignement géostratégique : avec la Russie (via l'Algérie), avec la Chine (via le Tchad), avec la Turquie (via la Mauritanie).

■ Encadré 6.1 – L'auto-logistique AES : solution de souveraineté ou illusion de substitution ?

Depuis leur rupture avec la CEDEAO et l'UEMOA, les États de l'Alliance des États du Sahel (AES) ont activé une stratégie de contournement logistique sans précédent : substituer aux corridors classiques (Dakar, Abidjan, Cotonou) des axes alternatifs via la Mauritanie, la Guinée, l'Algérie ou le Tchad. Ce repositionnement est présenté par les autorités comme une conquête de souveraineté, une preuve d'autonomie en acte.

Mais cette “auto-logistique” n’est pas une stratégie construite. Elle est une réaction défensive à une vulnérabilité structurelle brutalement exposée. Et elle repose sur un mythe dangereux : celui qu’on peut se libérer sans construire.

✔ **Ce que cette stratégie démontre :**

- **Capacité de résilience en situation de crise** : les flux ont été redirigés, l’économie ne s’est pas effondrée ;
- **Décentrement géopolitique** : basculement des partenariats logistiques vers des États non alignés (Algérie, Russie, Mauritanie, Guinée) ;
- **Flexibilité tactique** : fragmentation des itinéraires pour limiter la centralité d’un seul point d’étranglement.

✖ **Ce qu’elle dissimule :**

- Une dépendance déplacée mais non éliminée : les ports, routes et douanes mauritaniennes ou algériennes deviennent à leur tour des points de vulnérabilité ;
- Une absence d’infrastructure propre maîtrisée : aucune autoroute transsaharienne continue, peu d’interopérabilité douanière, systèmes de gestion logistique obsolètes ;
- Une bipolarisation des flux sans coordination institutionnelle : chaque pays AES négocie séparément, sans cadre collectif, ni mécanisme de solidarité logistique ;
- Un **mythe de la rupture** : ce n’est pas parce que les flux changent de direction que les chaînes de dépendance sont rompues.

On peut le dire sans risque de se tromper, l'auto-logistique AES est un contournement, pas une stratégie. Elle est née d'un rapport de force, pas d'un schéma directeur d'interconnexion. Elle permet d'exister face à l'asphyxie, mais elle ne crée aucune autonomie durable.

À ce stade, il s'agit d'une externalisation du désenclavement : les routes ne sont pas souveraines, les terminaux ne sont pas contrôlés, les normes logistiques ne sont pas unifiées. À court terme, cette logistique alternative sert à survivre. À long terme, elle expose à de nouvelles formes de dépendance opaque, sans contrôle institutionnel.

La logistique sahélienne est entrée dans l'ère de la géopolitique frontale. Le transport n'est plus une simple affaire de transit : il est devenu un indicateur de souveraineté, de désalignement et de résilience.

La stratégie de détournement logistique de l'AES a permis de **survivre aux sanctions**. Elle a montré qu'il est possible de casser un monopole régional sans effondrement immédiat. Mais la viabilité de cette reconfiguration reste incertaine :

- sans investissements massifs dans l'entretien et l'interconnexion ;
- sans professionnalisation des douanes, des systèmes d'information et du transit ;
- sans sécurisation durable des axes nouveaux.

Sortir de la dépendance ne suffit pas : il faut créer une capacité logistique souveraine, stable, interopérable. Faute de quoi, l'AES risque de substituer une vulnérabilité par une autre, moins visible mais tout aussi contraignante.

Chapitre 7

Ressources naturelles et souveraineté industrielle différée

Le Mali, le Burkina Faso et le Niger disposent de ressources naturelles abondantes et convoitées : or, uranium, pétrole, lithium, coton. Pourtant, l'exploitation de ces ressources ne produit ni autonomie stratégique, ni transformation industrielle. Elle alimente une croissance extravertie, extractive, faiblement redistributive. Dans ces économies, la rente naturelle est moins un levier de développement qu'un piège à dépendance, à court-termisme et à vulnérabilité géopolitique.

Ce chapitre interroge la structure et les usages de cette rente dans l'AES. Il analyse comment la souveraineté industrielle est proclamée sans base productive solide, et comment les tentatives de transformation locale – souvent retardées, sous-financées ou captées – révèlent un écart structurel entre ressources exploitées et pouvoir économique réel.

7.1. Une rente sans transformation : le retour des économies de comptoir

a. L'or : richesse stratégique, dépendance minière

Le Mali et le Burkina Faso figurent parmi les premiers producteurs d'or en Afrique, avec respectivement 63 et 57 tonnes produites en 2023. Ce métal représente entre 75 et 80 % de leurs exportations totales. Pourtant :

- l'or est majoritairement exploité par des compagnies étrangères (B2Gold, Barrick, Endeavour, Nordgold, etc.) ;

- les États touchent des revenus marginaux (redevances, impôts miniers), souvent érodés par des exonérations fiscales ;
- la valeur ajoutée locale est quasi nulle : aucun traitement, aucun affinage, aucune bijouterie industrielle.

Au Niger, l'or reste marginal comparé à l'uranium et au pétrole, mais suit la même logique : une extraction artisanale non encadrée, et une fuite de valeur systémique.

Le paradoxe est brutal : le secteur le plus dynamique de l'économie est celui que l'État maîtrise le moins.

Tableau 12 : Part de l'or dans les exportations totales (Mali, Burkina, 2019–2023) et recettes publiques associées

Ce tableau met en évidence la centralité croissante de l'or dans les économies du Mali et du Burkina Faso. Malgré sa prédominance dans les exportations totales, l'or ne représente qu'une fraction modeste des recettes fiscales, illustrant une dépendance extractive à faible rendement budgétaire.

Année	Mali - % or dans exportations	Mali - % recettes publiques de l'or	Burkina - % or dans exportations	Burkina - % recettes publiques de l'or
2019	72	18	68	14
2020	76	20	70	17
2021	78	22	74	19
2022	80	21	76	20
2023	81	23	77	21

Source : Auteur, 2025

b. Le coton : richesse appauvrissante sans filière

Le Burkina Faso et le Mali se disputent la première place de producteur africain de coton. Pourtant, plus de 98 % du coton-fibre est exporté sans transformation. Les filières textiles (filature, tissage, confection) sont moribondes :

- La COMATEX au Mali est en faillite ;
- Les projets industriels (Ayka Textile à Ouaga, relance de FITIMA) peinent à dépasser les promesses ;
- Le coton burkinabè est valorisé à moins de 2 fois son coût de production à l'export – contre 6 à 8 fois s'il était transformé localement.

Figure 13 : Cycle du coton burkinabè : de la production à la sortie brute

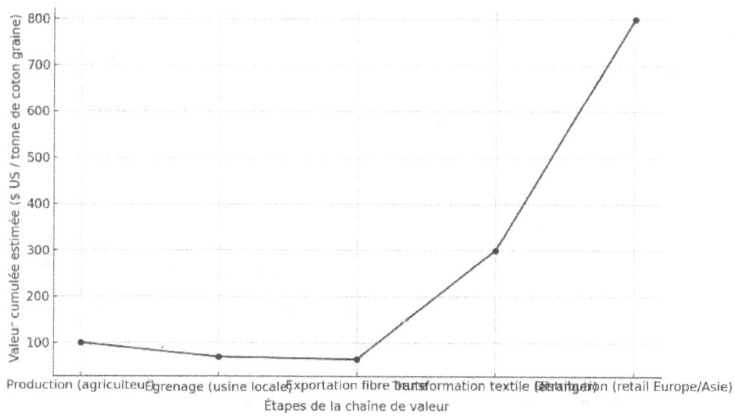

Source : Auteur, 2025

Ce graphique illustre comment la valeur générée par le coton burkinabè est captée en grande partie en dehors du pays, en raison de l'absence de transformation industrielle locale.

c. L'uranium et le pétrole : richesses géopolitiques sans souveraineté énergétique

Le Niger est le 5e producteur mondial d'uranium, avec des réserves stratégiques exploitées principalement par Orano (ex-Areva). Pourtant :

- l'essentiel du yellowcake est exporté sans transformation ;
- les revenus réels sont faibles (~50–80 M$/an pour l'État), peu transparents, et exposés à la baisse de la demande.
- Depuis 2023, le Niger a entamé une transition vers un État pétrolier modeste :
- avec la mise en service de l'oléoduc Niger–Bénin (CNPC) ;
- et l'export de 14 millions de barils annoncés dès 2024.

Mais ici encore, la raffinerie de Zinder (SORAZ) est contrôlée à 60 % par la Chine, et les nouveaux projets restent sous cofinancement étranger.

7.2. La souveraineté industrielle : proclamée, jamais construite

a. Raffineries d'or : indépendance affichée, dépendance persistante

Le Mali et le Burkina ont lancé des projets de raffineries nationales d'or (respectivement à Bamako et à Ouagadougou), financées en partenariat avec des firmes russes ou turques. Objectif affiché : garder la valeur sur place, réduire la dépendance à Dubaï ou à la Suisse.

Mais :

- les capacités annoncées (>200 t/an) sont démesurées par rapport à la production réelle ;

- les raffineries sont encore dépendantes de technologies et intrants importés ;

- les circuits de commercialisation ne sont pas maîtrisés : affiner localement ne signifie pas vendre souverainement.

b. Le lithium du Mali : les Chinois extraient, l'Occident raffine

En 2024, le Mali a inauguré la mine de **Goulamina**, avec une production prévue de 500 000 tonnes/an de concentré de spodumène. Le projet est contrôlé par **Ganfeng Lithium (Chine)**. La transformation locale s'arrête à la concentration. Le raffinage chimique et la fabrication de batteries se feront en Asie.

Le Mali :

- ne capte que **35 % de participation dans le projet ;**

- n'a aucun plan structuré de **montée en gamme** industrielle ;

- reste dépendant de **cours mondiaux qu'il ne contrôle pas.**

Encadré 7.1 – Affiner l'or, et après ? Trois chaînons manquants de la souveraineté aurifère

Les États de l'AES vantent la construction de raffineries d'or nationales comme un jalon majeur vers la souveraineté économique. Mais cette avancée technique, sans stratégie d'ensemble, ne modifie ni le mode d'exploitation, ni la logique d'exportation, ni la dépendance aux circuits dominants de valorisation.

1. Affiner sans vendre : le mirage de l'accès aux marchés

La production d'or raffiné localement ne garantit aucun accès autonome aux marchés mondiaux. L'absence d'agrément auprès de places comme la London Bullion Market Association (LBMA) prive l'or sahélien d'un label internationalement reconnu. Résultat :

- Les États doivent revendre leur or à des négociants accrédités à l'étranger, souvent aux mêmes conditions qu'avant.
- Les cours sont dictés hors de leur contrôle, les clients restent les mêmes, la marge de négociation est nulle.

Raffiner localement ne sert à rien si l'or reste vendu selon les règles d'un autre système.

2. Raffiner sans filière : une valeur ajoutée toujours externe

Il n'existe aucune industrie structurée autour de l'or dans l'AES. Pas de joaillerie industrielle, pas de composants électroniques, pas d'écosystème aval. Le métal, une fois purifié, quitte le pays sans transformation supplémentaire. Aucun emploi n'est créé en aval, aucune innovation n'est stimulée.

Une raffinerie isolée, sans industrie dérivée, ne produit pas de souveraineté. Elle consolide une dépendance à l'état purifié.

3. Raffiner sans maîtrise : dépendance technologique, financement sous influence

Les projets en cours sont :

- financés en majorité par des partenaires extérieurs (Russie, Turquie, entreprises privées),
- technologiquement dépendants (matériel, savoir-faire, maintenance),
- politiquement exposés (instabilité, sanctions, arbitrages géostratégiques).

Le terme "raffinerie nationale" est donc trompeur. Il désigne un site localisé, pas une capacité souveraine.

Conclusion : Construire une raffinerie ne suffit pas. Sans contrôle sur l'extraction, la commercialisation et la transformation, l'or reste une rente sous-traitée.
Le raffinement ne libère pas. Il perfectionne la dépendance.
La souveraineté aurifère commence par :

- la renégociation des contrats miniers,
- la montée en gamme industrielle locale,
- l'accès autonome aux marchés d'exportation.

Sans cela, affiner l'or ne sera qu'un effet d'annonce de plus, poli à 99,99 %, mais économiquement vide.

Figure 14 : Filière lithium : du minerai brut au produit fini (analyse de captation de valeur)

Le Mali extrait et concentre le spodumène, mais la chaîne de valeur du lithium lui échappe presque entièrement. La transformation chimique, la fabrication de batteries et la commercialisation sont intégralement captées à l'étranger.

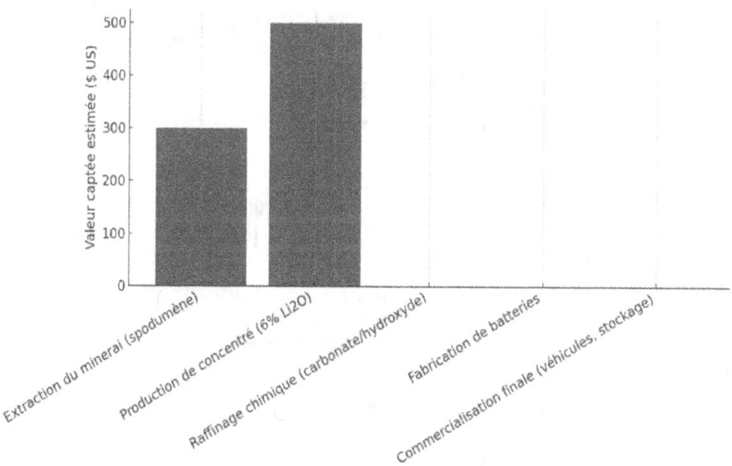

Source : Auteur, 2025

c. Textile, agro-industrie, énergie : projets pilotes ou leurres symboliques ?

Quelques initiatives :

- Burkina : Ayka Textile relancé (2023), usine de montage agricole à Koudougou ;
- Niger : deuxième raffinerie à Dosso, projet d'usine d'engrais ;
- Mali : projets miniers et usine de sucre (Diré), tentatives de relance de la filière textile.
- Mais ces projets restent :
- isolés, non intégrés dans une politique industrielle cohérente ;
- extrêmement vulnérables aux risques politiques, sécuritaires et énergétiques ;
- dépendants de partenariats Sud–Sud très asymétriques.

Tableau 13 : Les trois blocages structurels de l'industrialisation sahélienne

Blocage	Description	Conséquences
Absence d'infrastructures de base	Électricité, eau industrielle, réseau ferroviaire	Rend tout investissement industriel risqué et coûteux
Faiblesse de la gouvernance économique	Instabilité juridique, fiscalité changeante, corruption	Décourage les IDE et fragilise les projets locaux
Captation politique de la rente	Affectation clientéliste des contrats et marchés publics	Empêche l'émergence d'une politique industrielle stratégique

Source : Auteur, 2025

Tableau 14 : Typologie des blocages à la transformation industrielle dans l'AES (2020–2024)

Blocage structurel	Manifestation concrète	Conséquences économiques
Absence d'infrastructures de base	Pénuries d'électricité, logistique inefficace, accès limité à l'eau industrielle	Décourage les investissements industriels lourds ; surcoûts pour les PME locales
Faiblesse fiscale et financière	Incapacité à mobiliser l'épargne locale ou à investir dans des projets structurants sans aide extérieure	Dépendance chronique aux bailleurs et partenaires étrangers ; instabilité budgétaire
Captation politique et clientélisme	Attribution opaque des marchés, absence de plan industriel, détournement des rentes	Faible performance des projets ; méfiance des investisseurs ; inefficacité durable
Dépendance technologique et énergétique	Machines importées, absence de savoir-faire local, besoin d'assistance technique étrangère constante	Blocage de l'innovation locale ; obsolescence rapide des équipements
Fragmentation institutionnelle	Incohérence entre ministères, absence de pilotage stratégique, initiatives dispersées	Incapacité à monter des chaînes de valeur cohérentes ; instabilité stratégique

Source : Auteur, 2025

Ce tableau synthétise les principaux verrous qui empêchent l'émergence d'un tissu industriel souverain et intégré au sein des pays de l'AES. Il met en évidence la nature multidimensionnelle des blocages : infrastructurels, fiscaux, politiques, technologiques et institutionnels.

La promesse de « transformer nos ressources sur place » est devenue un mantra politique dans l'AES, mais elle reste contredite par tous les indicateurs réels. Les matières premières sont extraites, exportées, valorisées ailleurs. La rente est perçue, mais ni convertie en emploi industriel, ni utilisée pour construire un tissu productif local.

L'industrialisation différée de l'AES n'est pas une question de choix politique : elle est le produit d'un verrou systémique, entretenu par la dépendance technologique, la fragmentation institutionnelle et la captation politique. Affiner l'or, ouvrir une usine, lancer une raffinerie : ces gestes resteront symboliques sans écosystème, sans stratégie, sans souveraineté sur les chaînes de valeur.

La suite analysera comment la question monétaire – CFA ou non – ne pourra être tranchée durablement qu'à la lumière de cette réalité productive : on ne peut pas construire une monnaie souveraine sur une économie sous-traitée.

Chapitre 8

Le piège monétaire : stabilité imposée ou émancipation risquée ?

Introduction – Piégés entre dépendance et improvisation

Le débat sur le franc CFA dans l'AES est devenu un théâtre d'ombres : critiqué comme relique coloniale, défendu comme pilier de stabilité, il cristallise des frustrations politiques mais évite les vraies questions économiques.

Depuis la sortie de la CEDEAO, la tentation d'une monnaie souveraine est affichée par les régimes militaires. Mais dans les faits, aucun projet cohérent, crédible, institutionnellement structuré n'a vu le jour.

Ce chapitre ne demande pas "faut-il sortir du CFA ?". Il pose une question plus rigoureuse et plus brutale : **l'AES a-t-elle aujourd'hui les moyens économiques, institutionnels et politiques de gérer une monnaie indépendante ?**

8.1. Le CFA : stabilité sans pouvoir

a. Une discipline extérieure

Le franc CFA garantit :

- une inflation basse (2–3 %),
- un taux de change fixe avec l'euro,
- un ancrage extérieur perçu comme rassurant pour les investisseurs.
- Mais cette discipline est imposée, non maîtrisée :
- Pas de flexibilité monétaire face aux chocs internes,
- Pas de possibilité de monétiser les déficits,

- Pas de pilotage autonome du crédit.

Le CFA est un mécanisme de stabilisation passive, qui protège sans transformer.

b. Une souveraineté monétaire suspendue

Dans le CFA :

- Les États ne contrôlent ni l'émission monétaire, ni les réserves.
- La Banque centrale (BCEAO) n'est pas redevable devant les citoyens des pays AES.
- Le pouvoir symbolique et stratégique de la monnaie est absent.

Ce système fige la dépendance. Mais sortir sans projet de remplacement revient à plonger dans un vide institutionnel. La vraie question n'est pas “sortir ou rester”, mais “sortir avec quoi ?”

Encadré 8.1 – La monnaie : acte de confiance ou saut dans le vide ?

Une monnaie ne vaut que ce que la société lui accorde. Elle n'est ni un symbole de souveraineté par défaut, ni un outil magique de transformation économique. Elle est une institution de confiance.

Créer une monnaie, c'est :

- obtenir l'adhésion des citoyens à la conserver et l'utiliser ;
- convaincre les entreprises qu'elles peuvent contracter et investir avec ;
- garantir aux banques qu'elle reste convertible, stable, solvable.

Or, dans les pays de l'AES, les trois piliers de cette confiance sont fissurés :

1. Crise de crédibilité politique : régimes militaires contestés, institutions faibles, absence de contre-pouvoirs.
2. Déficit de gouvernance économique : instabilité fiscale, imprévisibilité réglementaire, dépendance extérieure.
3. Systèmes financiers fragiles : surliquidité oisive, fuite vers les devises, faible intermédiation bancaire.

Dans ces conditions, toute tentative de création monétaire souveraine risque de se transformer en fuite collective hors de la nouvelle monnaie.

Trois signaux d'échec monétaire anticipé

Symptôme	**Conséquence immédiate**
Fuite de capitaux	Conversion massive de l'épargne locale en devises étrangères
Dollarisation de fait	Refus de la population d'utiliser la nouvelle monnaie en dehors du secteur public
Inertie bancaire	Les banques évitent de prêter ou d'intermédier en monnaie nationale, préférant l'euro ou le dollar

Conclusion – Frappée ne veut pas dire acceptée

Imprimer une monnaie n'en fait pas une monnaie. Une monnaie non crue est une monnaie morte-née.

Sans crédibilité institutionnelle, sans stratégie économique, sans adhésion populaire, une monnaie souveraine n'est ni un outil, ni un pouvoir : c'est une fiction fragile.

Le véritable enjeu n'est pas de sortir du CFA. C'est de construire les conditions pour qu'une monnaie alternative inspire confiance, usage, et stabilité. Sinon, on ne fabrique pas une monnaie. On fabrique un effondrement.

Tableau 15 : – CFA : Stabilité fonctionnelle, souveraineté absente

Dimension	CFA – Fonctionnalité assurée	Commentaires
Inflation	Inflation faible (2–3 %)	Maîtrise de l'inflation, mais rigide face aux chocs
Convertibilité extérieure	Oui, via le Trésor français	Stabilité garantie, mais dépendance à Paris
Accès aux marchés financiers régionaux	Oui (UMOA-Titres, BRVM)	Stabilité de financement, mais inégal accès aux capitaux
Taux de change stable	Oui (ancrage à l'euro)	Pas de flexibilité de change selon les besoins locaux
Pilotage autonome de la monnaie	Non	Pas de levier monétaire national

Contrôle des taux directeurs	Non	Décisions fixées à Dakar, uniformes pour toute la zone
Capacité à monétiser les déficits	Non	Impossible de financer un choc sans endettement
Indépendance de la Banque centrale	Non (gouvernance centralisée BCEAO)	Aucune redevabilité nationale sur la politique monétaire
Pouvoir symbolique de souveraineté	Non	Monnaie perçue comme extérieure au projet national

Source : Auteur, 2025

Ce tableau résume les principales caractéristiques du système CFA tel qu'appliqué aux pays de l'AES. Il distingue entre les fonctions monétaires assurées et les attributs de souveraineté absents ou transférés, mettant en lumière les limites structurelles du dispositif pour un projet de développement endogène.

8.2. Trois scénarios, aucun prêt à l'emploi

a. Monnaie AES propre : volonté sans infrastructure

✔ Ce que cela permcttrait :

- Flexibilité de change,
- Création monétaire endogène,
- Outil potentiel de politique industrielle.

✘ Ce qui manque :

- Réserves de change insuffisantes (<3 mois d'importations),

- Système bancaire vulnérable,
- Gouvernance institutionnelle instable.

Une monnaie souveraine ne se décrète pas. Elle se construit. Et aujourd'hui, rien n'est prêt.

b. Ancrage alternatif : le saut d'une dépendance à une autre

Scénario BRICS, yuan, dinar ou rouble.

✔ Symboliquement fort.

✖ Stratégie floue :

- Pas de convertibilité fluide,
- Dépendance à d'autres puissances géopolitiques,
- Marchés financiers non accessibles.

Ce n'est pas une rupture. C'est un glissement stratégique sans pilotage.

c. Réformer le CFA : l'option la moins glamour, la plus réaliste

✔ Ce que cela suppose :

- Redéfinir les statuts de la BCEAO,
- Construire une feuille de route monétaire AES différenciée,
- Préparer une sortie ordonnée à moyen terme.

✖ Ce que cela demande :

- Courage politique,
- Pédagogie publique,
- Discipline budgétaire.

C'est **la seule voie techniquement viable à court terme**, mais politiquement fragile.

Tableau 16 : Leçons du continent : ce qui arrive quand on saute sans filet

Pays	**Choix**	**Conséquences immédiates**	**Résultat final**
Guinée	Rupture brutale (1985)	Hyperinflation, perte de confiance	Dollarisation rampante
Zimbabwe	Perte de contrôle (2008)	Désintégration de la monnaie	Abandon complet
Ghana	Transition prudente	Faiblesse du Cedi, reprise lente	Résilience modérée

Source : Auteur, 2025

Tableau 17 : Trajectoires africaines post-CFA ou post-monétaires

Pays	Choix monétaire	Conséquences immédiates	Résultat final (5–10 ans)
Guinée	Rupture brutale avec le CFA (1985)	Perte de confiance, inflation, fuite vers le dollar	Dollarisation informelle durable
Zimbabwe	Hyperinflation et dollarisation (2008)	Monnaie nationale abandonnée	Abandon du dollar zimbabwéen, retour à l'ancrage multiple
Ghana	Réforme du Cedi après crise (1983)	Stabilisation lente, Cedi faiblement crédible	Résilience monétaire modérée
RDC	Transition	Période	Faible

(Zaïre)	monétaire chaotique (1991–1994)	d'instabilité monétaire prolongée	légitimité de la monnaie nationale
Namibie	Introduction du dollar namibien (1993), ancré au Rand	Transition maîtrisée avec stabilité macroéconomique	Stabilité et intégration régionale maîtrisée

Source : Auteur, 2025

Ce tableau présente une typologie comparative des expériences africaines de sortie d'un régime monétaire hérité ou de refondation monétaire. Il met en lumière les conditions institutionnelles qui ont permis ou empêché une stabilisation post-crise durable.

8.3. Le vrai centre de gravité : la confiance

Une monnaie ne repose pas sur la loi. Elle repose sur :

- la confiance des ménages (à épargner),
- la confiance des entreprises (à investir),
- la confiance des banques (à prêter),
- la confiance des marchés (à prêter en monnaie locale).

Sans cette confiance, aucune réforme monétaire ne tiendra plus de six mois.

Créer une monnaie sans institutions crédibles, c'est fabriquer du papier à fuir.

Finalement, ce n'est pas le CFA qui étouffe l'économie. C'est l'absence d'alternative.

La critique du CFA est légitime. Mais la mise en œuvre d'une monnaie souveraine exige :

- des réserves de change robustes,

- une banque centrale indépendante et crédible,
- une stratégie productive cohérente.

Or, aujourd'hui, aucun de ces prérequis n'est réuni dans l'AES.

La sortie du CFA serait un acte politique fort. Mais dans les conditions actuelles, ce serait un saut dans le vide. Et les peuples ne veulent pas d'un vide idéologique travesti en victoire symbolique.

Chapitre 9

Institutions régionales en construction : mirage fédéral ou espoir réaliste ?

9.1. Ce qui existe : un sommet, une force, beaucoup de promesses

L'Alliance des États du Sahel (AES), née en 2023, a été formalisée par la Charte du Liptako-Gourma, prolongée par le Traité de Niamey de juillet 2024 instituant une Confédération.

En pratique, trois structures sont tangibles :

- Un Conseil des Chefs d'État, qui se réunit à l'occasion.
- Une Force conjointe antiterroriste, lancée en mars 2024.
- Quelques rencontres ministérielles ponctuelles, sans cadre permanent.

Toutes les autres annonces — Banque d'investissement, monnaie commune, passeport biométrique, télévision régionale — restent à l'état de slogans.

Aucune commission permanente, aucun secrétariat exécutif, aucune institution supranationale dotée de ressources, de budget ou de personnel n'a vu le jour à la fin 2024.

La Confédération AES est un objet politique proclamé, sans existence juridique consolidée, ni pilotage administratif fonctionnel.

Tableau 18 : Institutions effectives vs annoncées de l'AES (fin 2024)

Ce tableau synthétise les organes actuellement opérationnels de l'Alliance des États du Sahel (AES) par opposition à ceux qui ont été annoncés ou évoqués sans matérialisation concrète. Il permet de visualiser l'écart entre les ambitions proclamées et les mécanismes institutionnels réellement en place.

Organe / Institution	Statut (fin 2024)	Commentaires
Conseil des Chefs d'État	Effectif (1 sommet tenu à Niamey)	Structure politique dominante, non institutionnalisée
Force conjointe antiterroriste AES	Effectif (créée mars 2024, active)	Opérations conjointes observées, mais coordination fragile
Conseils ministériels sectoriels	Partiellement actif (réunions informelles, sans statuts)	Pas de secrétariat sectoriel ni d'agenda régional harmonisé
Banque d'investissement de l'AES	Annoncée – aucun texte ni structure opérationnelle	Aucune base juridique ou financement défini
Secrétariat exécutif / permanent	Inexistant – aucune création officielle	Pas de mécanisme de pilotage ni d'équipe désignée
Commission de développement ou économique	Inexistant – aucune instance permanente	Absence de commission centrale pour coordonner les politiques
Monnaie régionale 'Sahel'	Annoncée – objectif politique sans cadre technique	Symbolique et non préparée techniquement ou économiquement
Pacte de défense intégré / Conseil	Partiellement en place –	Activité militaire coordonnée mais non

Organe / Institution	Statut (fin 2024)	Commentaires
militaire permanent	coordination militaire sans traité publié	encadrée juridiquement
Organe d'arbitrage ou judiciaire	Inexistant	Aucun mécanisme de règlement interétatique
Chaîne de télévision AES / Médias communs	Annoncée – aucune structure, financement ou date	Objet de discours politiques, sans dispositif commun
Passeport biométrique AES	Annoncé – aucun support institutionnel	Idée médiatique à ce stade, sans norme commune
Parlement ou organe consultatif	Inexistant	Aucune représentation régionale ni consultation citoyenne

Source : Auteur, 2025

9.2. Trois pathologies systémiques : concentration, vide, improvisation

a. Tripode présidentiel sans contrepoids

Le seul vrai pouvoir de l'AES repose sur trois figures : Goïta, Traoré, Tiani. Leur Conseil trilatéral concentre toute la décision sans système de validation, de suivi ou de contrôle.

En l'absence de parlement régional, de commission indépendante, ou même de mécanisme de consultation publique, la Confédération AES est un régime interpersonnel — pas une organisation régionale.

b. Une architecture fondée sur l'évitement

Sous prétexte de fuir la lourdeur de la CEDEAO, l'AES a refusé de se doter d'une quelconque administration régionale. Résultat :

- Aucun organe pour gérer les projets intégrés.
- Aucun cadre pour planifier les politiques sectorielles.
- Aucun interlocuteur institutionnel pour les partenaires techniques.

Le rejet de la bureaucratie s'est transformé en délit d'absence administrative.

c. Absence de fondement juridique partagé

Ni la Charte fondatrice, ni le Traité de Niamey ne sont disponibles publiquement dans leur version complète. Aucune ratification nationale par une instance législative n'a été observée. Aucune procédure de contrôle, de révision, ou de règlement des différends n'a été mise en place.

L'AES est un objet politique sans base normative. Elle repose sur des communiqués, pas sur des règles.

9.3. Faut-il une CEDEAO bis ? Non. Faut-il des institutions ? Oui.

La CEDEAO est critiquable : lente, lourde, trop alignée sur certaines capitales. Mais elle fonctionne.

L'AES, en l'état, ne fonctionne pas : pas de financement propre, pas de dispositif opérationnel, pas de légitimité régionale.

Le choix n'est pas entre bureaucratie inefficace et vide glorieux. Il est entre gouvernance régionale minimale et chaos confédéral informel.

9.4. Une architecture réaliste pour les cinq prochaines années

Proposition minimale, en sept piliers :

Tableau 19 : Schéma minimal d'architecture institutionnelle AES (2025–2030)

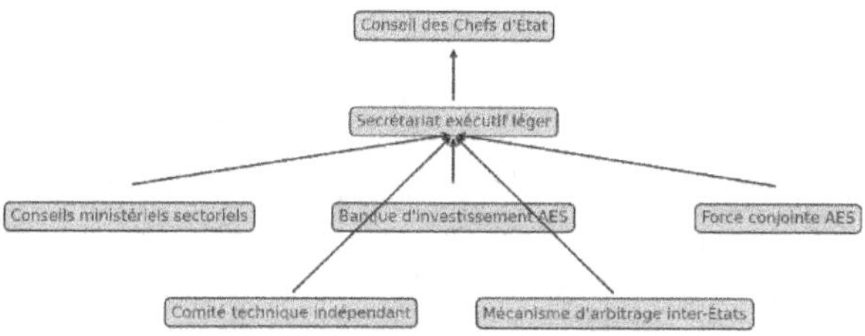

Source : Auteur, 2025

Ce schéma illustre une proposition de gouvernance régionale fonctionnelle et réaliste pour l'AES, fondée sur une structure légère mais cohérente. Il repose sur un Conseil des Chefs d'État appuyé par un Secrétariat exécutif, trois piliers opérationnels sectoriels, et deux organes d'expertise et d'équilibre institutionnel.

Tableau 20 : Proposition de gouvernance régionale fonctionnelle et réaliste pour l'AES.

Organe	Rôle	Caractéristiques
Conseil des Chefs d'État	Orientation politique	Semestriel, présidence tournante
Secrétariat exécutif	Suivi et	<50 agents, basé à

léger	coordination	Bamako, budget plafonné
Conseil des ministres sectoriels	Mise en œuvre thématique	Réunions trimestrielles, par secteurs
Force conjointe AES	Sécurité coordonnée	Doctrine commune, logistique mutualisée
Banque d'investissement AES	Financement régional	Autonome, audits externes, gouvernance partagée
Comité technique indépendant	Expertise & évaluation	Experts nommés par les États + société civile
Mécanisme d'arbitrage	Gestion des différends	Obligation de recours, sans juridiction lourde

Source : Auteur, 2025

Cette architecture est fonctionnelle, légère, cohérente avec les ressources et contraintes des trois États.

Au regard de ce qui précède, l'AES ne peut survivre comme simple déclaration de souveraineté collective. Sans institutions fonctionnelles, elle ne deviendra jamais plus qu'une alliance militaire circonstancielle.

Le vrai défi est institutionnel.

Pas besoin de répliquer la CEDEAO. Mais sans administration, sans contrôle, sans vision partagée, il n'y aura ni intégration ni souveraineté réelle.

L'alternative à la CEDEAO ne peut pas être le vide. Sinon, l'AES s'effondrera sous le poids de ses promesses non tenues.

Chapitre 10

Gouvernance économique et sécuritaire : la question oubliée

10.1. De l'État stratège à l'État militarisé

Dans l'AES, la gouvernance économique a été supplantée par une logique de commandement militaire. Les choix budgétaires, fiscaux et sectoriels relèvent désormais de cercles fermés d'officiers. La planification est devenue un outil de légitimation sécuritaire. L'économie est traitée comme une logistique de guerre. La priorité n'est plus la croissance, mais la tenue du régime.

■ Encadré 10.1 – Gouverner avec des armes : ce que l'histoire enseigne

Dans l'histoire politique africaine, aucun régime issu d'un coup d'État n'a réussi à construire un développement économique durable en militarisant la gouvernance.

Trois illusions récurrentes :

1. **L'armée serait plus efficace que les civils.**
   ➤ Faux. Elle est plus verticale, mais pas plus compétente. Les militaires confondent discipline et vision.
   Résultat : centralisation, opacité, impréparation.
2. **L'urgence sécuritaire justifie tout.**
   ➤ Faux. Les guerres prolongées sans réforme structurelle deviennent auto-entretenues.
   Résultat : effet d'éviction, appauvrissement, radicalisation des marges.

3. **Le peuple suivra s'il est protégé.**
   ➤ Faux. Sans services publics, sans revenu, sans dignité, la peur se transforme en rage. Résultat : effondrement du contrat social, retour de la contestation, isolement diplomatique.

Cas d'école :

- **Éthiopie (Mengistu)** : militarisation à outrance, effondrement économique, guerre civile.
- **Soudan (Bashir)** : contrôle par l'armée + clientélisme = explosion à retardement.
- **Guinée (CNDD)** : gouvernance militaro-tribale, fuite des investissements, paralysie des institutions.
- **Zimbabwe (post-Mugabe)** : pouvoir reconduit par l'armée, mais hyperinflation, isolement, désindustrialisation.

Leçon :

Une armée peut reconquérir un territoire. Elle ne peut pas construire une économie.

À long terme, plus l'armée gouverne, plus l'État se vide de ses fonctions.
Et plus la guerre dure, plus le développement recule.

Figure 15 : Budgets de défense 2021–2024 (en millions USD)

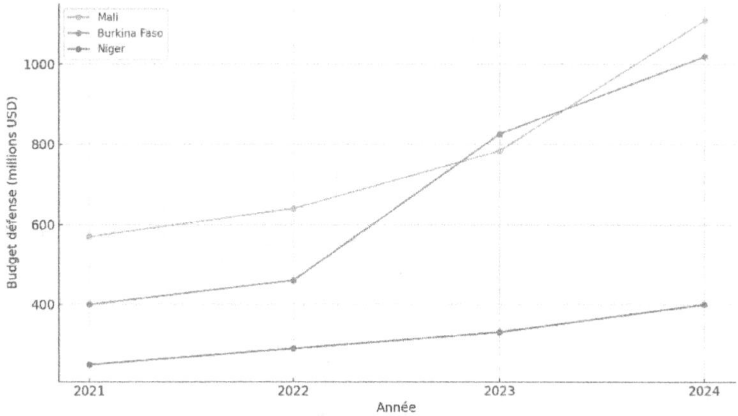

Source : Auteur, 2025

Évolution des budgets de défense du Mali, Burkina Faso et Niger entre 2021 et 2024. Le graphique met en évidence la croissance continue et disproportionnée des dépenses militaires dans les trois États membres de l'AES.

Tableau 21 : Arbitrages budgétaires sectoriels observés

Pays	Part du budget pour la Défense (2024)	Évolution du budget Santé (2021–2024)	Évolution du budget Éducation (2021–2024)	Investissements publics non sécuritaires (2024)
Mali	19.9%	Stable nominalement, recul en % du budget	Légère baisse relative, déscolarisation accrue	3.5% du PIB (contre 6.1% en 2020)

Burkina Faso	29.5%	Stagnant, sous-financé en zones rouges	Retraits dans les zones de conflit, gels budgétaires	Nombreux projets routiers suspendus
Niger	10.2%	Réduction significative après 2023	Coupes budgétaires post-putsch, chute des aides	Infrastructures gelées faute de financements

Source : Auteur, 2025

Ce tableau illustre les arbitrages budgétaires dans les pays de l'AES entre les dépenses militaires croissantes et la stagnation ou réduction des budgets sociaux.

10.2. Explosion des budgets militaires, implosion des équilibres publics

Entre 2021 et 2024, les budgets militaires ont littéralement explosé :

- +108 % au Burkina Faso ;
- +56 % au Niger ;
- +38 % au Mali.

En 2024 :

- Le Burkina consacre 30 % de son budget national à la défense.
- Le Mali, près de 20 %.
- Le Niger, plus de 10 %, malgré l'effondrement de l'aide.

Ces niveaux dépassent ceux de pays en guerre conventionnelle.

Sources de financement :

- Fonds de guerre obligatoires,
- Prélèvements quasi-fiscaux,
- Livraisons d'armes via troc géostratégique (Russie, Turquie, Chine),
- Réduction brutale des dépenses sociales et productives.

10.3. L'effet d'éviction : tuer le développement pour faire la guerre

La guerre absorbe les ressources publiques, évince les investissements structurants.

Conséquences :

- Réduction des dépenses santé-éducation ;
- Chute de l'investissement public (3,5 % du PIB au Mali en 2023) ;
- Fermeture de milliers d'écoles et de centres de santé ;
- Abandon de projets structurants (routes, énergie, irrigation).

Les armes remplacent les routes. Les uniformes remplacent les enseignants.

10.4. Une économie sous tutelle militaire

Trois dérives s'accumulent :

1. **Captation budgétaire** : l'armée devient le principal bénéficiaire de la dépense publique.
2. **Colonisation institutionnelle** : les ministères économiques deviennent des exécutants.
3. **Oligopole militaro-commercial** : des circuits

d'achat d'armement opaques remplacent les chaînes de marché régulées.

Ce n'est pas une gestion de crise. C'est une réorientation de l'État au service d'un pouvoir sécuritaire.

10.5. Une sécurité qui asphyxie la souveraineté

Les régimes AES justifient leur maintien par la guerre. Mais cette guerre désorganise la gouvernance :

- Plans de développement gelés,
- Lois de finances adoptées sans débat,
- Indicateurs publics manipulés ou absents.

La souveraineté économique est vidée de sens : un État qui consacre 30 % de son budget à l'armée et sous-finance l'école ne prépare pas sa liberté, il prépare sa dépendance.

La souveraineté ne se décrète pas, elle se gouverne

Aucune région au monde n'a gagné sa sécurité durable en sacrifiant ses capacités de gouvernance économique.

L'AES militarise la dépense, désinstitutionnalise la décision, et externalise la légitimité.

Résultat : une sécurité sans développement. Une gouvernance sans cap. Une transition sans sortie.

Si l'armée ne redonne pas la main à l'État civil, le projet AES implosera.

PARTIE V

DISCUSSION ET ALTERNATIVES POUR UNE AUTONOMIE RESPONSABLE

Chapitre 11

Relecture critique des hypothèses : entre rhétorique et réalité

Un projet sérieux commence par des hypothèses claires. Un projet rigoureux les met à l'épreuve. L'objectif de ce chapitre n'est pas de nuancer : c'est de confronter, trancher, clarifier.

Les faits sont connus. Les données ont été analysées. Ce qu'il reste à faire, c'est dire la vérité nue sur les hypothèses qui ont servi de socle au projet AES.

11.1. Ce que les faits confirment – partiellement

Tableau 22 : Ce que les faits confirment – partiellement

Hypothèse	Observation	Limites
Les pays de l'AES sont riches en ressources stratégiques	Or, uranium, lithium confirmés (chap. 7)	Aucun levier de transformation locale crédible
La CEDEAO a généré des asymétries durables	Dépendance portuaire, monétaire, financière avérée (chap. 2)	Mais aucun mécanisme alternatif viable n'a été mis en place
La coordination militaire AES est réelle	Force conjointe créée (chap. 6)	Mais sans autonomie logistique ni pilotage stratégique structuré

Source : Auteur, 2025

Ce sont des constats d'environnement, pas des preuves de faisabilité.

11.2. Ce que les faits contredisent

Tableau 23 : Ce que les faits contredisent

Hypothèse	**Résultat empirique**	**Chapitres**
La sortie de la CEDEAO améliore la souveraineté économique	Effondrement des projets, perte de crédibilité, isolement financier (chap. 3)	3, 4, 10
La monnaie AES est une solution technique disponible	Aucune architecture monétaire. Dépendance à l'euro/dollar aggravée (chap. 5, 8)	5, 8
Les institutions de l'AES sont en construction	Aucune n'est opérationnelle (pas de banque, pas de secrétariat, pas de traité public)	9
L'autonomie permet un recentrage stratégique	Explosion des budgets militaires, effondrement des services publics (chap. 10)	6, 10

Source : Auteur, 2025

Le projet AES repose sur des postulats qui ne résistent pas à la réalité.

11.3. Ce qui relève d'une illusion entretenue

Il ne s'agit pas de malentendu. Il s'agit de fabrication politique.

Tableau 24 : Ce qui relève d'une illusion entretenue

Croyance stratégique	Réalité observable
« Sortir de la CEDEAO, c'est redevenir souverain »	Sans capacité logistique, financière ou monétaire, la rupture est un saut sans filet
« Créer une monnaie, c'est possible par volonté politique »	Sans réserves, sans crédibilité institutionnelle, sans cadre de confiance, toute monnaie échoue
« L'AES compensera ce qu'elle rompt »	Aucune coordination fonctionnelle, aucun ancrage populaire, aucun outil économique autonome

Source : Auteur, 2025

L'AES ne propose pas une alternative. Elle nie une dépendance sans en remplacer les fondations.

Tableau 25 : Synthèse critique des hypothèses fondatrices du projet AES

Hypothèse initiale	État empirique	Observations clés
La sortie de la CEDEAO renforce la souveraineté économique	Infirmée	Retrait non préparé, perte d'accès aux marchés et projets régionaux, isolement diplomatique
Une monnaie propre est techniquement et institutionnellement viable à court terme	Infirmée	Aucune capacité de gestion monétaire, instabilité fiscale, dollarisation rampante
Les ressources naturelles AES permettent une	Partiellement confirmée	Ressources présentes mais non transformées ;

autonomie économique rapide		modèle extractif inchangé
La coordination militaire peut remplacer l'intégration économique	Partiellement confirmée	Effort militaire visible mais non soutenable économiquement, dépendance externe
L'AES est en voie de structuration institutionnelle crédible	Infirmée	Absence d'institutions fonctionnelles, annonces non suivies d'effets
L'autonomie politique permet une gouvernance publique plus efficace	Infirmée	Explosion des budgets militaires, éviction des dépenses sociales, opacité renforcée

Source : Auteur, 2025

Ce tableau confronte les hypothèses stratégiques ayant fondé la création de l'Alliance des États du Sahel (AES) aux données empiriques produites dans les chapitres précédents. Il met en lumière les écarts entre les postulats politiques et la réalité institutionnelle et économique observable.

À ce stade, il faut cesser de chercher des zones grises. La majorité des hypothèses fondatrices du projet AES sont invalidées par l'analyse empirique. La souveraineté ne résulte pas de la rupture, mais de la construction. L'autonomie ne se proclame pas. Elle se planifie, se structure, se crédibilise.

La question n'est donc plus "si" le modèle AES est viable. La seule question qui vaille est : peut-il être corrigé à temps pour éviter l'implosion ?

Chapitre 12

Recommandations stratégiques et transitions possibles

12.1. Rompre sans alternative, c'est perdre

Le projet AES a commis une faute stratégique majeure : confondre rupture et solution.

Quitter la CEDEAO, viser une monnaie propre, proclamer une souveraineté économique ne suffit pas. L'indépendance sans architecture opérationnelle produit l'isolement, non la liberté.

Première exigence : construire, ou renoncer.

Tableau 26 : Institutions stratégiques à créer pour viabiliser l'AES

Institution à créer	Rôle stratégique	Conditions minimales de faisabilité
Secrétariat exécutif de l'AES	Coordination technique et politique, suivi de l'agenda commun, appui aux décisions des chefs d'État.	Budget propre, équipe dédiée (<50 agents), mandat juridiquement défini.
Banque d'investissement de l'AES	Financement des projets stratégiques régionaux (infrastructures, agriculture, connectivité).	Capital initial garanti, gouvernance transparente, partenariats techniques régionaux.
Comité d'arbitrage budgétaire	Surveillance et limitation des dépenses militaires,	Règlement juridique ratifié par les États, publication annuelle

régional	contrôle de l'équilibre entre sécurité et développement.	d'un rapport contraignant.
Agence des corridors logistiques et transsahariens	Planification, sécurisation et entretien des routes critiques (vers ports, frontières, zones enclavées).	Cartographie logistique commune, cofinancement public-privé, autorité de régulation commune.
Centre régional de prospective et de simulation	Production d'analyses indépendantes, modélisation macroéconomique, anticipation des chocs politiques ou financiers.	Indépendance intellectuelle, accès aux données nationales, publication semestrielle.

Source : Auteur, 2025

Ce tableau identifie cinq institutions clés à mettre en place d'ici 2026 afin de consolider les fondations politiques, économiques et logistiques de l'Alliance des États du Sahel. Chaque proposition inclut le rôle stratégique et les conditions minimales de faisabilité technique et politique.

12.2. Monnaie souveraine : trois conditions non négociables

La création d'une monnaie AES exige **trois piliers simultanés**. L'un seul manquant suffit à faire échouer l'ensemble.

Tableau 27 : Monnaie souveraine : trois conditions non négociables

Pilier	Exigences irréductibles
Institutionnel	Une Banque centrale indépendante, statutaire, avec mandat de stabilité et outils de régulation
Macrofiscal	Déficit < 5 %, discipline budgétaire pluriannuelle, transparence des comptes publics
Psychologique	Acceptabilité sociale, usage effectif dans la commande publique, maîtrise de la dollarisation

Source : Auteur, 2025

Sans cela : la monnaie s'effondre avant d'être adoptée.

12.3. Option réaliste : un modèle monétaire transitoire

Créer une monnaie ex nihilo dans les conditions actuelles serait politiquement téméraire, économiquement ruineux, socialement instable.

Alternative fonctionnelle à horizon 2030 :

- Maintien temporaire dans le CFA + création d'un instrument monétaire régional parallèle (ex : e-Sahel),
- Mise en place d'une Agence monétaire de convergence : observatoire + coordination + incubateur,
- Déploiement d'un fonds de stabilisation régional, adossé à l'or/lithium/uranium,
- Introduction d'une infrastructure de paiement intra-AES numérique, publique, interopérable.

Figure 16: Architecture hybride de transition monétaire AES

Cette figure propose un modèle transitoire réaliste pour les États de l'AES, combinant le maintien partiel dans le cadre du CFA avec la construction progressive d'une infrastructure monétaire propre. Elle inclut une agence de convergence, une plateforme de paiement intra-régionale, et des instruments de stabilisation macroéconomique.

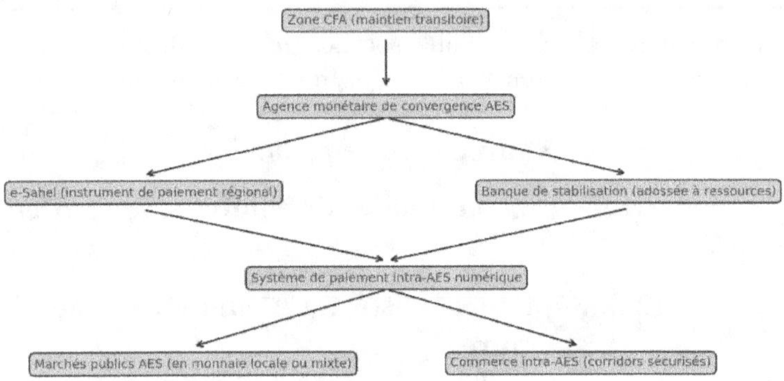

Source : Auteur, 2025

12.4. Coopérer sans se soumettre : la CEDEAO comme interface, pas comme maître

Le départ de la CEDEAO ne dispense pas de gérer les interdépendances économiques, humaines et logistiques. Aucun État enclavé n'est souverain en solitaire.

Trois pistes :

- Accords bilatéraux fonctionnels (ports, télécommunications, électricité),
- Partage de données douanières, sanitaires, migratoires,
- Réintégration partielle dans des initiatives

régionales techniques (corridors, énergies renouvelables, fibre optique).

La souveraineté intelligente est coopérative.

12.5. Réduire la militarisation budgétaire ou hypothéquer l'avenir

Le cœur du blocage est là. Tant que l'armée captera plus de 20 % du budget public, aucune trajectoire de développement ne tiendra.

Recommandations immédiates :

- Imposer une Règle budgétaire souveraine : maximum 15 % du budget à la défense hors conflit déclaré par traité,
- Geler toute hausse des dépenses militaires dès 2025,
- Affecter 50 % des gains budgétaires aux secteurs d'impact rapide : santé, écoles rurales, eau, agriculture.

La guerre ne crée ni croissance, ni emplois. Elle consomme, elle détruit.

12.6. Architecture minimale, faisable, vitale : 5 institutions à créer avant 2026

Tableau 28 : Architecture minimale, faisable, vitale : 5 institutions à créer avant 2026

Institution	Finalité
Secrétariat exécutif AES	Assurer la continuité décisionnelle et la coordination inter-états
Banque d'investissement AES	Financer les projets stratégiques transfrontaliers à effet multiplicateur

Comité d'arbitrage budgétaire	Contrôler l'équilibre sécurité/développement, imposer des plafonds
Agence des corridors stratégiques	Sécuriser et gérer les routes critiques : ports, routes transsahariennes
Centre de prospective et de simulation	Anticiper les chocs, calibrer les transitions, objectiver les politiques publiques

Source : Auteur, 2025

Sans ces piliers, l'AES s'autodétruira par sous-institutionnalisation.

Conclusion – Il est encore temps, mais pas longtemps

La transition AES n'est pas condamnée par essence. Elle est simplement condamnable dans sa forme actuelle.

Elle peut encore produire une autonomie réelle, à condition de :

- rompre avec la dérive militaro-symbolique,
- assumer un modèle graduel, négocié, gouverné,
- investir dans ce qui dure : institutions, régulation, capital humain.

Sinon, le scénario est déjà écrit : effondrement progressif, retour humiliant dans les anciennes structures, et perte totale de crédibilité.

Chapitre 13

Trois scénarios prospectifs à horizon 2035

Après quatre années de transition improvisée et d'intégration régionale proclamée, l'Alliance des États du Sahel (AES) se trouve face à un carrefour stratégique. Les données institutionnelles, économiques et géopolitiques l'indiquent clairement : l'état actuel du projet n'est pas soutenable. Ce chapitre anticipe trois scénarios d'ici à 2035. Aucun n'est certain. Mais tous sont possibles.

Scénario 1 – Souveraineté instable : fragmentation, isolement, vulnérabilité

Trajectoire :

- Maintien du discours de rupture (anti-CEDEAO, anti-CFA, anti-occidental).
- Tentative de lancement d'une monnaie propre sans infrastructure ni réserves.
- Militaires toujours au pouvoir, gouvernance autoritaire, absence de réformes institutionnelles.
- **Conséquences :**
- Hyper-dépendance sécuritaire et budgétaire à la Russie, la Turquie ou d'autres partenaires asymétriques.
- Effondrement de l'investissement public structurant.
- Fragmentation interne : zones rurales abandonnées, retrait progressif de l'État.
- Instabilité politique croissante : mécontentement populaire, insurrections locales, répression accrue.

Verdict :

Une souveraineté proclamée mais non maîtrisée, qui débouche sur un effondrement lent de l'État post-national. Le modèle AES devient un label sans contenu opérationnel. Les frontières sont maintenues, mais la gouvernance se dissout.

Scénario 2 – Transition négociée : stabilisation partielle, intégration graduelle

Trajectoire :

- Maintien technique dans l'UEMOA/CFA, sans réintégration politique de la CEDEAO.
- Construction lente d'institutions propres (Banque d'investissement, Secrétariat, Corridors sécurisés).
- Retrait progressif de l'armée du champ économique ; retour de technocrates civils.
- **Conséquences :**
- Stabilité monétaire assurée par le CFA + émergence d'un outil monétaire régional complémentaire.
- Infrastructures relancées sur financement mixte Sud–Sud.
- Dialogue ouvert mais bilatéral avec les membres CEDEAO.
- Croissance faible mais régulière (1–2 %) tirée par l'agriculture et l'énergie.

Verdict :

Un scénario de compromis, où l'AES renonce à l'illusion de rupture totale pour opérer une transition de construction lente, techniquement viable. Il ne produit pas un miracle économique, mais permet un repositionnement régional crédible.

Scénario 3 – Échec du modèle AES : retour contraint à la CEDEAO

Trajectoire :

- Crises budgétaires majeures (défaut de paiement, inflation, instabilité bancaire).
- Dissolution progressive des structures AES par inaction, épuisement ou isolement.
- Pressions sociales internes + isolement diplomatique → renversement politique ou ouverture négociée.

Conséquences :

- Retour négocié mais humiliant dans la CEDEAO sous conditions renforcées (règles de gouvernance, réduction de la présence militaire, audits externes).
- Perte de crédibilité politique des élites militaires.
- Réintégration dans des schémas d'intégration dominés par Abuja, Dakar ou Accra.

Verdict :

Ce scénario marque la faillite politique du projet AES. Il produit un coût réputationnel élevé pour les États concernés et referme brutalement la parenthèse d'autonomie sans transition. Il recrée la dépendance sans aucune revalorisation stratégique.

Le tableau suivant synthétise les avantages, les risques et les conditions associées à chacun des trois scénarios projetés pour l'Alliance des États du Sahel à l'horizon 2035. Il permet d'évaluer la viabilité relative de chaque trajectoire en fonction des dynamiques actuelles et des contraintes structurelles.

Tableau 29 : Comparatif des trois scénarios stratégiques AES à horizon 2035

Scénario	Avantages potentiels	Principaux risques	Conditions minimales de succès
Souveraineté instable	Narratif fort de souveraineté ; mobilisation patriotique ; rupture des dépendances symboliques	Fragmentation interne ; isolement diplomatique ; instabilité politique prolongée	Capacité à gouverner en interne ; autonomie financière ; soutien militaire durable
Transition négociée	Maintien de la stabilité macro ; construction progressive d'institutions ; repositionnement régional	Lenteur bureaucratique ; fragilité institutionnelle persistante ; tensions avec la CEDEAO	Volonté politique de réforme ; discipline budgétaire ; architecture institutionnelle viable
Retour contraint à la CEDEAO	Réouverture des marchés ; reprise des financements ; fin de l'isolement	Perte de crédibilité ; dépendance renforcée ; retour sous conditionnalité externe	Acceptation des réformes exigées ; réconciliation régionale ; changement de leadership crédible

Source : Auteur, 2025

Figure 17 : Arbre de décision stratégique AES

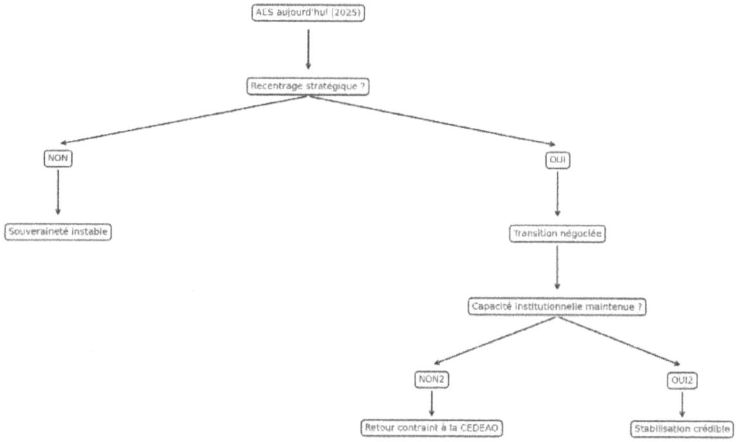

Ce schéma illustre les principales bifurcations stratégiques que l'AES devra affronter après 2025. Il distingue trois trajectoires possibles selon deux variables décisives : la capacité de recentrage stratégique et la mise en place effective d'institutions viables.

Le futur est une décision, pas une fatalité

Ces trois scénarios ne sont pas figés. Mais les dynamiques de 2023–2025 rendent certains chemins plus probables que d'autres.

- **Le scénario 1** est la trajectoire par défaut si rien ne change.
- **Le scénario 2** est exigeant, mais encore possible — s'il y a sursaut institutionnel.
- **Le scénario 3** est le résultat d'un entêtement sans construction.

À l'AES de choisir : continuer à proclamer, ou commencer à bâtir.

Conclusion générale

L'autonomie ne se décrète pas : elle se gouverne

I. Une rupture improvisée n'est pas une stratégie

Le projet AES s'est présenté comme une alternative souveraine à l'ordre régional existant. En réalité, il a procédé à une rupture sans fondations, ni instruments, ni cap. Le retrait de la CEDEAO, la dénonciation du franc CFA, la volonté de s'affranchir des tutelles étrangères sont des intentions politiques. Mais la politique ne remplace ni l'économie, ni l'institution.

Résultat :

- Désintégration des mécanismes d'intégration régionale sans alternative viable.
- Proclamation de souveraineté sans outils de souveraineté.
- Isolement budgétaire et diplomatique sans levier de compensation interne.

Une souveraineté proclamée sans structure, c'est une dépendance déguisée.

II. L'armée n'a pas construit l'autonomie, elle l'a confisquée

En prétendant protéger l'État, les régimes militaires ont capté l'économie, marginalisé l'administration, militarisé la dépense publique. Ce n'est pas une transition, c'est une régression autoritaire.

- Les faits sont clairs :
- Plus de 20 à 30 % des budgets absorbés par la défense.
- Éviction des investissements sociaux et productifs.

- Gouvernance économique opaque, recentrée sur le sécuritaire.

Ce n'est pas la souveraineté qui s'est renforcée, c'est la centralisation armée du pouvoir. Et elle détruit les conditions mêmes de la reconstruction.

III. Aucune autonomie ne tient sans institutions crédibles

Si l'AES veut survivre à sa propre rhétorique, elle doit immédiatement engager un processus de reconstruction institutionnelle crédible, cohérente et fonctionnelle :

- Pas de monnaie sans autorité monétaire, sans réserves, sans crédibilité.
- Pas de sécurité durable sans rééquilibrage budgétaire.
- Pas d'autonomie régionale sans institutions régionales effectives.

Cela suppose une révision radicale de la trajectoire actuelle :

- **Abandon du tout-militaire** comme principe de gouvernement.
- **Reconnaissance de l'interdépendance régionale**, sans soumission.
- **Institutionnalisation graduelle** autour de 4 ou 5 organes stratégiques.
- **Transition monétaire par hybridation**, pas par rupture brutale.

L'autonomie n'est pas un geste symbolique. **C'est un processus gouverné, structuré, ancré dans le réel.**

IV. Deux issues : refondation ou implosion

À ce stade, l'équation est brutale :

- Soit le projet AES accepte de se corriger, de se structurer, de se discipliner.
- Soit il persistera dans l'improvisation militaro-régionaliste… jusqu'à son effondrement.

Trois scénarios sont possibles :

1. Continuer sans réformes : fragmentation, isolement, marginalisation.
2. Négocier une transition réaliste : lente, mais stabilisée et crédible.
3. Être contraint à un retour humiliant dans les cadres rejetés.

L'AES est à un carrefour. Il ne lui reste plus le temps des slogans.

Il lui faut désormais le courage de la rigueur, ou l'humilité du renoncement.

Bibliographie

Amin, S. (1973). Le développement inégal. Paris: Minuit.

BAD. (2023). Perspectives économiques régionales : Afrique de l'Ouest. Abidjan: Banque africaine de développement.

Balima, I. (2024). AES et l'impasse logistique : étude sur les corridors post-CEDEAO. Dakar: Initiative Sahel.

Grütjen, D. (2024). La recomposition des intégrations régionales au Sahel. Revue Tiers Monde, 249(1), 55–78.

Keohane, R. O., & Nye, J. S. (1977). Power and interdependence: World politics in transition. Boston: Little, Brown.

Kohnert, D. (2024). Regional integration in West Africa after the AES withdrawal: challenges and prospects. African Affairs, 123(490), 145–167.

Mattli, W. (1999). The logic of regional integration: Europe and beyond. Cambridge: Cambridge University Press.

Ndongo Samba Sylla. (2022). Le franc CFA et l'euro contre l'Afrique. Paris: La Dispute.

Rajosefa, R. (2023). Zones économiques spéciales en Afrique de l'Ouest : bilan critique. Économie et Institutions, 51, 23–41.

Sissoko, E. F., Touré, A., & Ouédraogo, H. (2024). Monnaie, intégration et souveraineté en Afrique de l'Ouest : le tournant AES. Cahiers d'Économie Politique, 87(2), 201–233.

Suret-Canale, J. (1971). Afrique noire : occidentale et centrale. Paris: Éditions sociales.

Tinbergen, J. (1962). Shaping the World Economy. New York: Twentieth Century Fund.

Touré, A., Diallo, K., & Barma, N. (2024). Trajectoires post-CEDEAO : l'exemple mauritanien revisité. Revue Afrique Contemporaine, 272, 89–109.

PLAN FINAL DE L'OUVRAGE

INTRODUCTION GÉNÉRALE

- **1. Contexte stratégique** : Retrait historique de l'AES de la CEDEAO, rupture avec les cadres d'intégration régionale, promesse d'émancipation économique.
- **2. Problématique centrale** : L'AES peut-elle bâtir une autonomie économique viable dans un environnement structurellement défavorable ?
- **3. Objectifs scientifiques** :
    - Évaluer la faisabilité de l'autonomisation économique AES
    - Analyser les tensions entre souveraineté affichée et contraintes systémiques
    - Identifier les leviers de transformation crédibles
- **4. Hypothèses de recherche :**
    - La sortie de la CEDEAO affaiblit plus qu'elle ne renforce la souveraineté économique
    - L'autonomie monétaire n'est viable qu'avec une gouvernance renforcée et une stabilité institutionnelle
    - L'intégration commerciale alternative ne peut compenser les ruptures imposées
- **5. Cadre théorique et critique :**
    - Zones monétaires optimales (Mundell, 1961) vs réalités sahéliennes

    - Interdépendance asymétrique (Keohane & Nye, 1977)
    - Approches institutionnalistes de l'intégration (Mattli, 1999 ; Haas, 1970)
    - Économie politique de la souveraineté monétaire (Ndongo Samba Sylla, 2022)
- **6. Méthodologie :**
    - Approche mixte : analyse empirique (VAR, GMM), modélisation prospective, entretiens experts
    - Justification de la triangulation qualitative/quantitative

PARTIE I – DÉPENDANCES HISTORIQUES ET CONSTRUCTION D'UN MYTHE D'AUTONOMIE

Chapitre 1 – Héritages coloniaux, dépendances économiques et faux départs

- Trajectoires coloniales et postcoloniales du Mali, Burkina Faso, Niger
- Monocultures, extractivisme et enclavement
- Échecs répétés des politiques d'industrialisation

Chapitre 2 – CEDEAO et UEMOA : ambivalences d'une intégration asymétrique

- Bénéfices réels vs coûts cachés pour les États sahéliens
- Dépendance aux ports, au financement régional, à la monnaie
- Émergence du ressentiment périphérique

Chapitre 3 – La rhétorique souverainiste et ses impensés

- Construction idéologique de la rupture
- Silence sur les capacités institutionnelles de remplacement
- Analyse critique des narratifs AES

PARTIE II – SCÉNARIOS D'INTÉGRATION ET DÉSINTÉGRATION : LEÇONS ET MODÉLISATIONS

Chapitre 4 – Expériences comparées de désintégration économique

- Brexit, URSS, SADC vs COMESA : enseignements pour l'AES
- Écarts de préparation institutionnelle et coûts de sortie

Chapitre 5 – Modéliser les trajectoires possibles de l'AES

- Scénarios économiques : CFA, monnaie propre, devises tierces
- Simulations macroéconomiques (inflation, réserves, IDE, croissance)
- Évaluation des risques asymétriques : confiance, stabilité, fuites de capitaux

PARTIE III – CONTRAINTES SYSTÉMIQUES ET CAPACITÉS ENDOGÈNES DE RÉINVENTION

Chapitre 6 – Dépendance logistique et corridors alternatifs : mythe ou solution ?

- Tensions géopolitiques avec les États côtiers
- Incertitudes sur les routes algériennes, mauritaniennes et tchadiennes
- Faillite des plans logistiques panafricains

Chapitre 7 – Ressources naturelles et souveraineté industrielle différée

- L'or, le lithium, l'uranium comme "piège à rente"
- Tentatives de transformation locale : entre mythe et capture politique
- Étude de faisabilité industrielle (cas Niger raffinerie, Burkina coton, Mali lithium)

Chapitre 8 – Le piège monétaire : stabilité imposée ou émancipation risquée ?

- Critique de l'idéologie anti-CFA sans solution institutionnelle de rechange
- Analyse des options crédibles : monnaie AES, ancrage BRICS, dualisme monétaire
- Comparaison empirique : Zone CFA vs pays à monnaies souveraines africaines

PARTIE IV – VIABILITÉ POLITIQUE ET GOUVERNANCE RÉGIONALE POST-CEDEAO

Chapitre 9 – Institutions régionales en construction : mirage fédéral ou espoir réaliste ?

- État des lieux des organes AES
- Déficit de capacité, surpolitisation, absence de feuille de route commune
- Proposition d'une architecture institutionnelle réaliste

Chapitre 10 – Gouvernance économique et sécuritaire : la question oubliée

- Lien entre instabilité sécuritaire et déraillement des stratégies économiques
- Poids du militaire dans les choix économiques

- Effets d'éviction sur la gouvernance publique et les investissements

PARTIE V – DISCUSSION ET ALTERNATIVES POUR UNE AUTONOMIE RESPONSABLE

Chapitre 11 – Relecture critique des hypothèses

- Quelles hypothèses sont validées, nuancées ou infirmées ?
- Que disent les données contre la doxa politique AES ?

Chapitre 12 – Recommandations stratégiques et transitions possibles

- Conditions d'une monnaie AES crédible
- Modèle hybride : CFA réformé + institution monétaire commune en construction
- Coopération renforcée avec certains membres CEDEAO (sans retour formel)

Chapitre 13 – Trois scénarios prospectifs à horizon 2035

1. **Souveraineté instable** : sortie brutale, fragmentation interne, isolement
2. **Transition négociée** : maintien dans l'UEMOA + structuration interne lente
3. **Échec du modèle AES** : retour contraint à la CEDEAO sous nouvelles conditions

CONCLUSION GÉNÉRALE

- L'autonomie économique ne se décrète pas, elle se construit avec rigueur, patience et cohérence institutionnelle
- L'AES risque de devenir une **intégration négative** (contre CEDEAO) et non **positive** (pour un modèle propre)

- L’enjeu n’est pas de se soustraire à une domination pour en créer une autre, mais de bâtir une souveraineté régulée, solidaire, et crédible.

ANNEXES

- Modèle économétrique (VAR/GMM)
- Tableaux de prévisions 2025–2035
- Fiches-pays AES (économie, monnaie, commerce)
- Corpus des entretiens

BIBLIOGRAPHIE

Postface

Ce livre se referme, mais le chantier qu'il décrit reste béant.

L'AES n'est pas une réalité aboutie : c'est une construction inachevée, bancale, incertaine. Elle peut encore se redresser — ou s'effondrer. Mais ce qui est certain, c'est que les choix faits aujourd'hui engagent des décennies.

Ce travail ne cherche ni à convaincre tout le monde, ni à rassurer quiconque. Il impose une règle : dire ce que l'on voit, avec rigueur, sans se cacher derrière les slogans ou les silences. Il refuse de confondre souveraineté et isolement, autonomie et autisme institutionnel.

Ce livre ne fait pas la leçon. Il dresse les constats que d'autres taisent.

Et si demain, certains persistent à ignorer les alertes ici formulées, ils devront répondre, non aux auteurs, mais aux faits.

À celles et ceux qui viendront après, peut-être fatigués des certitudes proclamées, ce texte ne lègue ni solution magique, ni optimisme facile — mais une méthode, une mise en garde, et une boussole.

L'histoire, ensuite, tranchera.

TABLE DES MATIERES

DU MÊME AUTEUR

BASSIRA : LA VOIX SOUS LE MANGUIER
Éditeur : Lys Bleu Éditions
Date de publication : 20/10/2025

CONTRE-POUVOIRS SOUS TUTELLE
Éditeur : Editions L'Harmattan
Date de publication : 27/11/2025

L'ÉTAT, LE MARCHE ET LA FRAGILITE
Éditeur : Editions L'Harmattan
Date de publication : 09/10/2025

BADJIME,
Éditeur : Editions L'Harmattan
Date de publication : 18/09/2025

AU-DELÀ DE LA CRISE
Éditeur : Editions L'Harmattan
Date de publication : 22.08.2024

PROPAGANDE, AGITATION, HARCÈLEMENT
Éditeur : Harmattan Mali
Date de publication : 04.10.2023

SAUVEGARDER LES INTÉRÊTS NATIONAUX EN AFRIQUE
Une étude des menaces économiques et de leurs implications sur la souveraineté des États africains
Éditeur : Études Africaines
Date de publication : 29.12.2021

DES AUXILIAIRES ANÇAR DE MÉDINE, AUX ANÇAR DINE DE OUSMANE CHERIF MADANI HAIDARA AU MALI :
Doctrine et Liens Historiques
Éditeur : Harmattan Mali
Date de publication : 04.10.2023

PÈRE JOSEF STAMER
Itinéraire d'un connaisseur de l'islam et d'un ami des musulmans
Éditeur : Harmattan Mali
Date de publication 14.12.2023

LES DÉTERMINANTS DE LA CROISSANCE ÉCONOMIQUE DU MALI
Analyse de la croissance économique du Mali de l'indépendance à nos jours
Éditeur : lvetrici– Éditions Universitaires Européennes
Date de publication : 02.06.2011

LES SOLUTIONS ÉCONOMIQUES
Asseoir les bases d'un développement économique harmonieux
Éditeur : dveste – Éditions Universitaires Européennes
Date de publication : 01.08.2018

DÉFIS SÉCURITAIRES ET ACCÈS À L'ÉDUCATION AU CENTRE DU MALI :
Cas de la région de Ségou
Éditeur : lvetrici– Éditions Universitaires Européennes
Date de publication : 16.10.2023

RATIONALISER POUR RESILIENCE
Repenser les Dépenses Publiques Malienne
Éditeur : lvetrici– Éditions Universitaires Européennes
Date de publication :20.12.2023

ÉDUCATION RELIGIEUSE & INTÉGRATION ÉCONOMIQUE
Impact comparé entre écoles coraniques et systèmes éducatifs chrétien
Éditeur : Edtions Universitaires Européennes
Date de publication : 22.03.2024

Revue « Marché et Organisations »

Promouvoir la recherche originale sur les relations de plus en plus étroites entre le marché et les organisations. Les acteurs économiques de taille, de puissance et de pouvoir différents dont les intérêts peuvent être convergents, complémentaires ou, le plus souvent, antagoniques, ont tendance à organiser les marchés. La raison du marché, pourtant, est la référence stratégique pour l'entreprise ainsi que pour les institutions publiques de décision économique.

N°6 : Entrepreneuriat et accompagnement. Outils, actions et paradigmes nouveaux, 2008
N°7 : Développement durable des territoires. Economie sociale, environnement et innovations, 2008
N°8 : Développement durable et responsabilité sociale des acteurs, 2009
N°9 : Gouvernance : exercices de pouvoir, 2009
N°10 : Le travail collaboratif. Une innovation générique, 2009
N°11 : Economie sociale et solidaire. Nouvelles trajectoires d'innovations, 2010
N°12 : Relations à la marque et marques de la relation. Regards croisés sur le management relationnel de la marque, 2010
N°13 : Les contrats au service de la recherche ?, 2011
N°14 : Le potentiel économique de l'Afrique subsaharienne, 2011
N°15 : Management de la distribution, 2012
N°16 : Territoire Vert. Entreprises, Institutions, Innovations, 2012
N°17 : Eco-conception, conception et innovation. Les nouveaux défis de l'entreprise, 2013
N°18 : Intelligence économique : entreprises et territoires, 2013
N°19 : La finance globale. Un monde fini, 2013
N°20 : La crise du « développement », 2014
N°21 : La Chine innove. Politiques publiques et stratégies d'entreprise, 2014
N°22 : Go East! Nouvelles Economies de Marché, 2015
N°23 : L'économie du changement, 2015
N°24 : Le temps des artisans. Permanences et mutations, 2015
N°25 : Innovations de proximité et esprit d'entreprise, 2016
N°26 : L'avenir des économies du Maghreb : entre inertie structurelle et envie de rupture, 2016/3 (n° 27)
N°27 : Le sport aux frontières du marché du travail, 2016
N°28 : Dynamiques internationales des entreprises, 2017
N°29 : L'univers du risque, 2017
N°30 : Les petites entreprises dans l'histoire industrielle, 2017
N°31 : Economie sociale et *social business* ? Au défi d'entreprendre et se financer, 2018
N°32 : Éducation et fertilisation des économies africaines, 2018
N°33 : L'entrepreneuriat innovant dans les pays du Maghreb, 2018
N°34 : L'entrepreneuriat scientifique : institutions et innovation, 2019
N°35 : Le champ économique de la culture, 2019
N°36 : Economie sociale et solidaire ? Modèles d'innovation et modes de gouvernance, 2019
N°37 : Rethinking Luxury Business, 2020
N°38 : La santé connectée. Nouvelles technologies et réorganisation des soins, 2020
N°39 : Options stratégiques et systèmes complexes d'innovation, 2020
N°40 : Les services : intégration des systèmes productifs et lien social, 2021
N°41 : Crise pandémique, crise globale. Réalité et controverses théoriques, 2021
N°42 : La crise de la covid-19. Le marché et les organisations en perspective, 2021
N°43 : (Re)faire système. *Bug & reset*, 2022
N°44 : Aléas du marché et management du risque, 2022
N°45 : Le renouveau du transport et de la logistique : les systèmes d'information, 2022
N°46 : Entrepreneuriat et innovation dans l'enseignement supérieur, 2023
N°47 : Le tourisme créatif. Culture, créativité, patrimoine, management, 2023
N°48 : L'Afrique : questions de performances, 2023
N°49 : *Fintech* en sciences du management, 2024

https://www.cairn.info/revue-marche-et-organisations.htm

Collection « L'esprit économique »
fondée par Sophie Boutillier et Dimitri Uzunidis en 1996

Dernières parutions

► ***Série Economie et Innovation***
Y. EL YAHYAOUI, *Economie des plateformes numériques. Captation de la valeur, pouvoir de marché et communs collaboratifs*, 2021.
G. DUTHIL, *Handicap et insertion professionnelle*, 2022.
T. MICHAUD, *La science-fiction institutionnelle*, 2023.
M. TOMAS, *Gouvernance territoriale et développement économique au Maroc : l'opportunité d'une étude économétrique*, 2025.
► ***Série Le Monde en Question***
O. MUMBERE MUHONGYA, *Efficacité de l'aide publique au développement. Question de la qualité des données*, 2024.
M. CAMARA, *Être ministre de l'Économie et des Finances de la République de Guinée*, 2024.
R. A. OBAM NLONG, *Du franc CFA à l'Afrix : la nécessaire refonte du Fonds Monétaire Africain*, 2024.
A. N. BASAHAG, *La réforme budgétaire dans les États de la Communauté économique et monétaire d'Afrique centrale (CEMAC)*, 2025.
A. OUCHEN, *Analyse des crises financières de grande ampleur : étude économétrique de contagion*, 2025.
O. S. AWAL, *Dette publique et développement au Cameroun : outils, stratégies et souveraineté économique*, 2025.
M.-C. DJIENA WEMBOU, E. B. AKONO, *Réformes économiques et financières en Afrique centrale : bilan et perspectives*, 2025.
E. FAKABA SISSOKO, *L'État, le marché et la fragilité : dynamiques croisées de l'investissement public et privé dans l'Alliance des États du Sahel (AES)*, 2025.
► ***Série Krisis***
G. MINART, *Condorcet économiste : un libéralisme économique au service du bien public*, 2023.
A. MANRAY, *Petit traité de gouvernance à l'usage des despotes éclairés*, 2024.
B. LANDAIS, *Théorie générale de la croissance économique et du développement*, 2024.
V. SOYER, *Critique de la théorie contemporaine de la valeur*, 2024.
E. CARREY, H. LANDIER, *De l'économie financière à l'économie du sens et du soin*, 2025.
► ***Série Clichés***
B. S. BONBON, *Géométrie parabolique tridimensionnelle ou perspective parabolique*, 2023.
S. BOUTILLIER, B. LAPERCHE, S. T. K. LE, *Ports industriels en transition : De l'économie circulaire à la décarbonation*, 2024.
B. HAGIARIAN, *En route vers le capitalisme*. Suivi de *Qu'est-ce qu'un supermarché ?*, 2025.
► ***Série Cours Principaux***
Y. KEHO, *Introduction à l'économétrie appliquée sous EVIEWS, Rappels de cours et illustrations pratiques*, 2023.
K. AMZILE, *Intelligence artificielle et modélisation du risque de crédit*, 2023.
B. LANDAIS, *Macroéconomie. Les fondamentaux*, 2024.
A. KATFI, O. EL MNOUER (dir.), *Mathématiques financières. Cours d'initiation et exercices corrigés*, 2024.
J. NGONGO NGOY, *Manuel d'analyse financière*, 2024.
H. GUENICHI, *Analyse avancée de données de panel : aperçu du cadre théorique et applications avec Stata et R*, 2025.
Y. KEHO, F. B. DOUCOURE, *Économétrie des données de panel : rappels de cours et applications avec Stata*, 2025.
► ***Série L'économie formelle***
J.-P. ROSELLO, *Marchés financiers, capital financier et crises systémiques*, 2024.
J.-L. VILLOUTREIX, *L'eau coule à Aguad : un conte économique*, 2024.
B. MEUNIER, *L'insoutenable dette publique de la France*, 2024.
J. LATREILLE, *Le PIB, ou la mesure de notre démesure*, 2024.
C. MEIDINGER, *Controverses macroéconomiques contemporaines*, 2024.
J.-M. RUFFIE, *La loi de l'offre et du besoin : décrocher de la demande*, 2025.
J.-N. COTTIER, *Les financières de l'immobilier locatif : SCPI, OPCI (SPPICAV et FPI) et SIIC*, 2025.

Structures éditoriales du groupe L'Harmattan

L'Harmattan Italie
Via degli Artisti, 15
10124 Torino
harmattan.italia@gmail.com

L'Harmattan Hongrie
Kossuth l. u. 14-16.
1053 Budapest
harmattan@harmattan.hu

L'Harmattan Sénégal
10 VDN SICAP AMITIE 3
BP 45034 Dakar-Fann
direction@senharmattan.com

L'Harmattan Cameroun
Tsinga/Derrière polyclinique FECAFOOT
BP 11486 Yaoundé
Jacques.koukam@harmattan.fr

L'Harmattan Burkina Faso
Villa 281, secteur 23 623, rue 14.32
Ouagadougou
zagbie@outlook.fr

L'Harmattan Guinée
Almamya, rue KA 028 OKB Agency
BP 3470 Conakry
harmattanguinee@yahoo.fr

L'Harmattan RDC
185, avenue Nyangwe
Commune de Lingwala - Kinshasa
matangilamusadila@yahoo.fr

L'Harmattan Congo
219, avenue Nelson Mandela
BP 2874 Brazzaville
deunovmikhael@gmail.com

L'Harmattan Mali
Immeuble Mgr Jean Marie Cissé
Aci Hamadallaye
BP 145 Bamako
syllaka@yahoo.fr

L'Harmattan Togo
Djidjole – Maison Amela
face EPP BATOME
02 BP 20680 Lomé
didieramela11@gmail.com

L'Harmattan Côte d'Ivoire
Résidence Karl – Cité des Arts
Abidjan-Cocody
03 BP 1588 Abidjan
harmattan.ivoire@gmail.com

L'Harmattan Bénin
Rue 604, (Immeuble à l'entrée
de la rue UCAO- Cite de Saint-Jean)
Cotonou
stepcorpus@gmail.com

Nos librairies en France

Librairie internationale
16, rue des Écoles
75005 Paris
librairie.internationale@harmattan.fr
01 40 46 79 11
www.librairieharmattan.com

Librairie des savoirs
21, rue des Écoles
75005 Paris
librairie.sh@harmattan.fr
01 46 34 13 71
www.librairieharmattansh.com

www.ingramcontent.com/pod-product-compliance
Lightning Source LLC
LaVergne TN
LVHW021226061026
849535LV00008B/2944
* 9 7 8 2 3 3 6 5 8 8 9 2 6 *